Marek van der Jagt

Monogam

Aus dem Niederländischen
von Rainer Kersten

Diogenes

Die Originalausgabe
erschien 2002 unter dem Titel ›Monogaam‹
im Auftrag der Stichting Collectieve
Propaganda van het Nederlandse Boek (CPNB)
im Verlag De Geus, Breda

Die deutsche Erstausgabe
erschien 2003 im Diogenes Verlag
Umschlagfoto von
Ray Massey/Getty Images
(Ausschnitt)

Veröffentlicht als Diogenes Taschenbuch, 2005

www.diogenes.ch
80/05/44/1
ISBN 3 257 23446 5

du wirst meiner Liebe nicht entgehn

Ödön von Horvath,
Geschichten aus dem Wiener Wald

Romantischer als die ganze Wahrheit ist jene andere: die halbe.

Und nicht nur romantischer. Sie klingt glaubwürdiger, feinfühliger, sie bietet mehr Trost als ihre häßliche Stiefmutter, die wir gut versteckt halten, besonders, wenn Besuch da ist. Der Tod ist ein ungeliebter Gast, aber mit der Wahrheit sitzen wir auch nicht gern am Tisch.

Mit der halben dagegen schon, ja, wer möchte nicht an sie glauben, sie nicht vergöttern? Sie ist betörend genug, uns dauerhaft zu entzücken, aber auch wieder nicht zu betörend, denn dann wäre sie ein Märchen, harmlos und unschuldig, etwas, das man höchstens belächelt, aber nicht recht glauben kann. Ich vermute, jeder war schon einmal in Versuchung, sich an ihr festzuklammern, in dem Wahn, sie sei das Ganze, demaskiere alle anderen Wahrheiten und lasse sie hinter sich im Staub zurück.

Sie ist es, die uns vorgaukelt, wir könnten das, was uns das Leben erträglich macht, auf dieser Erde finden. Wenn Stendhal die Liebe als jenen wahnsinnigen Vorgang beschreibt, der uns alle Schönheiten und Vollkommenheiten in der Frau entdecken läßt, die wir seit kurzem vergöttern, so können wir ihm nicht widersprechen. Und dennoch … Man beachte die Worte »alle« vor »Schönheiten« sowie »seit kurzem« vor »vergöttern«. Warum verläßt der Wahnsinn uns wieder, wer heilt uns – und wovon?

Eine wichtige Eigenschaft der Wahrheit ist ihre Ausschließlichkeit. Wer behauptet: es gibt *einen* allmächtigen Gott, schließt damit jedweden zweiten und dritten aus. Wer diese Wahrheit akzeptiert und einem zweiten allmächtigen Gott begegnet, kann sicher sein, es mit einem Betrüger zu tun zu haben. Ein Nepp-Gott, dem man den Bart herunterreißen muß, eh' es zu spät ist.

Über eine Freundin von mir, eine Wiener Soziologin, sagte mal jemand: »Sie ist ein echter Mensch.« Das war natürlich als Kompliment gemeint. Zwischen all den unechten, falschen Individuen war da endlich mal ein echtes.

Dabei meinen wir mit »echt« offenbar, daß wir glauben, zum Wesenskern einer Person vorgedrungen zu sein. Wir haben das Individuum in ein System eingeordnet – wie eine Tierart oder einen chemischen Stoff. Die Beweisaufnahme ist abgeschlossen. In einem Detektivroman könnte der Kommissar jetzt seinen Regenmantel anziehen und nach Hause gehen. Etwas trauriger als zuvor vielleicht, mit leiser Wehmut, erquicklich war das alles nicht, aber doch zufrieden, daß er wieder einen Fall zu einem guten Ende gebracht hat.

Leider ist diese Geschichte kein Detektivroman. Sie handelt von Schuld, aber ein echtes Verbrechen läßt sich nirgends entdecken. Schuld ohne Verbrechen: Das muß Liebe sein.

Wir meinen, ein Recht auf Liebe zu haben, wie die Leser eines Krimis auf einem befriedigenden Schluß bestehen.

Wer glaubt, nicht zu bekommen, was ihm zusteht, wird die Liebe aus ihrer Höhle zerren, notfalls mit Gewalt.

Die wahre Liebe gibt es nur im Singular. Genau wie Gott. Wir können uns vornehmen, an ihn zu glauben, oder ihn als Illusion abtun. Doch über einen Punkt herrscht überall bemerkenswerte Einmütigkeit: die Anzahl. Ein einziger. Wer behauptet, an fünf miteinander konkurrierende Götter zu glauben, kommt zu spät. Er ist allein mit seiner Religion und wird seine Andacht bei sich zu Hause im Wohnzimmer abhalten müssen.

Wer behauptet, fünfzehn wahre Lieben zu haben oder auch nur drei, wird auf unsere Mißbilligung stoßen. Eine öffentliche Abbitte oder wenigstens eine im kleinen Kreis ist das mindeste, was wir von ihm erwarten. Ich habe gefehlt, es tut mir leid, ich war im Irrtum, vergebt mir – das übliche Theater. Und wenn der Vielfraß eine Frau ist, fallen die Strafen noch härter aus.

Offenbar haben wir soviel Angst vor der Untreue der Frau, daß wir uns ein ganzes Arsenal von Waffen zugelegt haben, um sie davon abzuschrecken. Die Literatur wimmelt von Beispielen untreuer Frauen, die für ihren Seitensprung mit dem Tod bezahlen – sei er nun selbstgewählt oder nicht – oder mit der Hölle auf Erden. Auch ein untreuer Mann nimmt ab und zu ein übles Ende, doch meist ist seine einzige Strafe eine leichte Melancholie. Und oft nicht einmal das.

Vielleicht haben Männer mehr Angst vor einer untreuen Frau als Frauen vor einem untreuen Mann, und wahrscheinlich haben die Männer gute Gründe dafür.

Wo ein Tabu ist, gibt es immer auch das Verlangen, das Tabu zu brechen. Wer hätte je von dem Tabu gehört, mit einem Tannenbaum ins Bett zu gehen?

Die Suche nach der wahren, der echten, der einzigen Liebe ist eine Mission, für die wir zu großen Opfern bereit sind. Wer die wahre, die einzige und echte Liebe sucht, sucht auch alles, was dazugehört. Schutz zum Beispiel oder Geld, Status, ein Zipfelchen Macht.

Oh, ich unterschätze die Schönheit durchaus nicht, aber sie hat die Eigenschaft, noch schneller zu vergehen als Macht. Auf ihr läßt sich keine dauerhafte Verbindung aufbauen, wir sehen sie verblassen, noch während wir sie betrachten. Nicht zuletzt darum, weil man sich an Schönheit so schnell gewöhnt. Der Ellenbogen, der uns zunächst in höchstes Entzücken versetzte und an ein Reh erinnerte, erweist sich bei näherem Hinsehen als stinknormaler Ellenbogen, ein bißchen knochig sogar. Um einen anderen Menschen genießen zu können – an sich schon eine Seltenheit –, braucht man Tricks und Illusionen, die schneller langweilen als jeder gut geschriebene Roman. Und dann muß eben ein neuer Mensch her, ein neuer Genuß.

Daß wir mehr Verständnis für jemanden aufbringen, der behauptet, dem Sex nachzujagen – mit seiner wahren Liebe natürlich –, als für jemanden, der der Macht nachjagt, ist bezeichnend für unsere

Tabus. Darüber, was wir sein wollen, nicht, was wir wirklich sind.

Vögeln finden wir unter bestimmten Umständen gesund und vergnüglich, auf jeden Fall akzeptabel.

Herrschen finden wir verdächtig, krankhaft und unerträglich.

Man denke an die Bemerkung »Bist du aber machtgeil«. Wem das gesagt wird, der bekommt kein Kompliment. Ein solches Machtstreben mögen wir nicht. Es zerstört unsere Illusion von Toleranz, Vernunft und Chancengleichheit. Wer mit seinen Mitmenschen konkurrieren, sie *besiegen* will, muß Fußball spielen. Die Bemerkung »Bist du aber sexy« dagegen wird von der Mehrheit als angenehm und positiv erfahren.

Die Nachkriegsliteratur ist für diese These ein ausgezeichnetes Beispiel: Es wird viel gevögelt und wenig geherrscht.

Das Tabu ist eine Umzäunung, und meist sind es die Schwachen, die es nicht wagen, sich darüber hinwegzusetzen. Diejenigen, die ein Tabu brechen und nie dafür bestraft werden, sind die Unantastbaren. Niemand weiß von ihrem Tabubruch, und die doch davon wissen, sind so abhängig von ihnen, daß sie ihren Mund halten oder riskieren, aus der Gemeinschaft der Lebenden eliminiert zu werden.

Es gibt noch eine dritte Kategorie: die Ruchlosen. Sie brechen ein Tabu, werden aber fast immer sofort dafür bestraft. Sie sind nicht eigentlich stark, sondern vielmehr unbeherrscht, und ich schließe nicht aus, daß in dieser Unbeherrschtheit das Verlangen nach der ultimativen Strafe – dem Tod – eine wichtige, geheimnisvolle Rolle spielt.

Das verzehrende Streben nach Macht trägt seinen Verfall bereits in sich. In Romanen und Filmen sehen wir, daß einem Aufstieg fast immer der unvermeidliche Absturz folgt. Offenbar bereitet es uns Genugtuung, Menschen vorgeführt zu bekommen, die sich über alle Grenzen hinwegsetzen und für einen kurzen Moment die Früchte ihres Ehrgeizes ernten, um dann um so gnadenloser für ihren unbezähmbaren Drang bestraft zu werden.

Schematisch betrachtet, können wir bei diesen Aufsteigern zwei Arten von Fehlern unterscheiden. Entweder waren sie in einem entscheidenden Moment zu sentimental, zu selbstvergessen, zu menschlich, einer Frau, eines Kindes wegen, aus Eifersucht oder einer Passion. Einen kurzen Moment lang war ihnen etwas anderes wichtiger als der Erhalt ihrer Macht.

Oder sie isolieren sich von ihren nächsten Verbündeten. Sie werden hart, sie vergessen, daß Macht eine Kunst des Gleichgewichts ist, erweisen dem Fußvolk nicht mehr genug Wohltaten und erzeugen so Haß. Sie legitimieren den Aufstand ihrer Feinde.

Macht erzeugt immer Haß, die Kunst besteht jedoch darin, stets ein Quentchen mehr Zuneigung als Ablehnung zu erzeugen.

Wo Macht keine Zuneigung erzeugen kann, muß Zuneigung erzwungen werden.

Meine Entscheidung für das Schreiben – sie kam relativ spät im Leben – hat mit meinem Streben nach Macht zu tun. Ich fing an zu schreiben, weil ich herrschen wollte.

Meine Identität fällt mit meinem Dasein als Autor zusammen. Ich bin, was ich schreibe. All meine Tätigkeiten stehen im Dienste des Schreibens.

Ein Schriftsteller ist in erster Linie jemand, der sich und die Welt beobachtet und studiert, so wie ein Biologe eine Versuchsgruppe von Elefanten, Menschenaffen oder Regenwürmern.

Die nächsten Familienangehörigen, Eltern, Brüder, Schwestern, Ehemann, -frau, Kinder – alle sind dankbare Forschungsobjekte für den Schriftsteller. Doch das allerbeste Objekt ist natürlich er selbst. Mit niemandem ist man so oft zusammen, von niemandem kann man mehr wissen, niemanden kann man leichter sieben Tage pro Woche, vierundzwanzig Stunden pro Tag observieren. Auch an Orten, wo Menschen sonst fast immer alleine sind. Man braucht keine Überwachungskamera, weder Spione noch Abhörgeräte.

Allerdings erfordert ein solches Unterfangen auch Distanz. Wer zu sehr von sich selbst eingenommen ist, wird die Ergebnisse verfälschen, weil sie ihm nicht gefallen oder ihm Angst einjagen. Eigenliebe behindert die Forschung.

Ein Forscher darf sich nicht zu sehr von Gefühlen leiten lassen, sich nicht zu sehr an das Objekt seiner Studien binden.

Seit 1984 – ich war damals siebzehn und ging auf die Internationale Schule in Wien – habe ich versucht, Distanz zu mir zu gewinnen und mein Verhalten und meine Wünsche so objektiv wie möglich zu untersuchen. Über diese Beobachtungen habe ich Tag für Tag Buch geführt, von einigen kurzen Urlaubsreisen einmal abgesehen.

Ich wollte mir dabei sowenig Zensur wie möglich auferlegen, und dies gelang mir im Laufe der Zeit immer besser. Der Prozeß der Loslösung von mir selbst, den ich mit viel Mühe und Strapazen in Gang gesetzt hatte, begann nach und nach wie von alleine immer schneller und gleichmäßiger zu funktionieren.

Mit der genannten Distanz zu mir meine ich, daß ich mich für bestimmte Wünsche, für die das gemeinhin von einem erwartet wird, nicht bestrafte. Scham ist natürlich auch eine Art Strafe,

Scham ist Strafe, die sich dafür schämt, Strafe zu sein. Ich belohnte mich aber auch nicht für Wünsche und Phantasien, für die das von einem erwartet wird. Ich versuchte einfach, nicht mehr zwischen guten, vernünftigen und schönen Wünschen und ihren schmutzigen, bösen Kollegen zu unterscheiden.

Ich kratzte an meiner guten Erziehung, so wie andere sich am Hintern kratzen. Ich fand – und bitte um Verzeihung, wenn ich arrogant erscheine –, daß ich zu kultiviert auf die Welt gekommen war. Zu kultiviert zum Überleben. Zu kultiviert zum Genießen.

Die Jahre vor meiner Pubertät hatte ich vor allem mit Denken und Gähnen verbracht. Das mit dem Gähnen weiß ich von meiner Mutter, die leider viel zu jung gestorben ist. An das Denken kann ich mich selbst noch gut erinnern. Weil ich ein Intellektueller werden sollte, sagten meine Eltern oft: »Geh mal nachdenken.« Und um mich zum Denken anzuregen, sperrten sie mich regelmäßig in meinem Zimmer ein.

Ich kam zu dem Schluß, daß weder Denken noch Gähnen zum Triebleben des Menschen gezählt werden können. Mein Triebleben war derart reduziert, daß ich – vor allem abends beim Essen –

über immer längere Zeiträume hinweg nur noch dachte und gähnte. Wer glaubt, tot zu sein, aber aus Versehen noch lebt, gähnt viel. Wenn Freud recht hat, ist Kultur eine Frage der Unterdrückung unserer Triebe. Und Freud hat recht. Je mehr Triebe unterdrückt werden, desto kultivierter sind wir.

Doch was unterdrückt ist, verschwindet nicht. Wo unterdrückt wird, wird sublimiert. Es ist fraglich, ob wir uns darüber freuen sollen, ob unsere Kultur – Hand in Hand mit dem Monotheismus – nicht die Pforten der Hölle geöffnet hat, die sie durch Triebunterdrückung gerade ein für allemal hatte zuschlagen wollen.

Keine Angst, ich will hier nicht von Unterdrückung oder Hölle reden, sondern von Monogamie, und Monogamie braucht keine Hölle zu sein.

Zuerst wollte ich dieses Buch *Meine Monogamie* nennen, um mit jenem anderen Werk *Mein Kampf* in den Ring zu steigen, doch nach Rücksprache mit allen Betroffenen habe ich beschlossen, diese Form der Selbstüberschätzung im Keim zu erstikken, ehe sie schlimmere Formen annimmt.

Als ich meine Suche nach dem wahren Marek van der Jagt begann, beschloß ich, meine Wünsche und mein Verhalten sowenig wie möglich zu erklären. Natürlich war mir bewußt, daß, wenn ich aß, ich das meist aus Hunger tat. Doch warum ich nun am 12. Juni ausgerechnet Lust auf Muscheln hatte, war eine Frage, die mich nicht interessierte.

Voreilige und darum falsche Erklärungen sind wie Rauchschwaden vor unseren Beobachtungen. Wir sehen nicht mehr, was wir wahrnehmen, sondern beschäftigen uns nur noch mit unseren trügerischen Schlußfolgerungen. Wir nennen es Erkenntnis, doch in Wirklichkeit ist es eine Rauchbombe.

Dies scheint mir auch eine Erklärung für den Mißerfolg so vieler psychotherapeutischer Bemühungen zu sein. Der Therapeut wendet an, was er gelernt hat. Doch wer ihm wirklich gegenübersitzt, das bleibt ihm verborgen.

Ich wollte sehen, wer mir gegenübersaß. Und ich war bereit, dafür zu zahlen. Der wahre Van der Jagt durfte ruhig was kosten.

Was mein Handeln angeht, liegt der Fall etwas komplizierter. Hätte ich mir auf diesem Gebiet gar keine Zensur auferlegt, wäre ich mit dem Gesetz in Konflikt geraten und würde vielleicht jetzt nicht hier sitzen, um diese Bekenntnisse niederzuschreiben.

Dennoch versuchte ich, mich nicht zum Sklaven innerer und äußerer strafender Instanzen zu machen. Nur mit gröbsten Verstößen gegen die herrschende Moral – mit Gewaltdelikten – hielt ich mich aus begreiflichen Gründen äußerst zurück. Ich habe mich nie für unantastbar gehalten. Zwar wollte ich gern ein Unantastbarer sein, doch ich wußte, daß ich dafür noch einen langen Weg vor mir hatte, daß ich noch längst nicht zu den Unantastbaren gehörte.

Zu den Schwachen glaubte ich jedenfalls schon mal nicht zu gehören, die Hürde des Tabus schreckte mich nicht, sondern faszinierte mich gerade – wie eine *femme fatale*. Zu den Starken, den Unantastbaren, gehörte ich auch nicht, denn ich wurde oft und streng bestraft. Zu den Ruchlosen gehörte ich ebensowenig, denn ich sah die Gefahren sehr wohl, der Tod lockte mich nicht, und physischer Schmerz machte mir angst. Ich glaubte, in eine vierte, höchst seltene Kategorie zu gehören, die nur bestimmten Herrschern vorbehalten ist, jenen, die außerhalb der gemeinen Sterblichen stehen.

Ziel meines Forschungsprojektes war die Vertiefung der Selbsterkenntnis, auch wenn dies meine Lebensqualität vermindern oder gar mein Leben selbst in Gefahr bringen sollte. Die Ergebnisse konnten mich schließlich, wenn ich sie veröffentlichte, zum Paria, zum Sündenbock machen, gehaßt und gefürchtet, doch vor allem gehaßt. Wer den Spiegel zerschlägt, der uns jeden Morgen zuruft: »Du bist der Schönste im ganzen Land«, ist seines Lebens nicht mehr sicher, nicht seines sozialen Lebens jedenfalls.

Meine Hypothese lautete, daß wir in unserer Einsamkeit zwar allein sind, aber damit nicht allein stehen. Mein Ziel war (und ist) es, den echten Marek van der Jagt freizulegen, ihn aufzuknacken wie eine Auster, obwohl ich stark bezweifelte, daß dabei eine Perle zum Vorschein kommen würde.

Von diesem Ziel ließ (und lasse) ich nicht ab.

Zunächst ordnete ich meine Beobachtungen in die Kategorien »Sex« und »Macht« ein. Doch mehr und mehr wurde mir klar, daß dies eine sinnlose Zweiteilung war. Beides war untrennbar miteinander verbunden, in einem komplexen Vorgang, der sich unter dem Begriff »Herrschen« zusammenfassen ließ.

Hier nun folgt der Bericht von dem Mann, der sich zum Herrscher berufen fühlte. Und der am Ende wurde, was er zu sein glaubte.

Schon früh – wann genau weiß ich nicht mehr, recht früh jedenfalls – wurde mir klar, daß mich niemand lieben konnte. Mir selbst gelang es ja nicht einmal, wie konnte ich es da von anderen erwarten? Da ich aber, wie jeder Mensch, Wärme und Zuneigung benötigte, verlegte ich mich aufs Heucheln. Nun gut, man konnte *mich* nicht lieben, aber vielleicht konnte man immerhin denjenigen lieben, den ich spielte. Einen sympathischeren, aber falschen Marek, einen, den man unmöglich *nicht* lieben konnte. Einen Hund. Verspielt, lieb, treu und absolut stubenrein.

Doch wenn Neugier ein Fluß ist, dann strebt sie abwärts, zum Wahren, Tiefen. Meine Neugier nach diesem anderen war geweckt, dem echten, den niemand lieben konnte und wollte. Diesen verhaßten Marek wollte ich kennenlernen.

In Kassenbüchern, die ich mir in einem Schreibwarenladen am Fleischmarkt gekauft hatte, fing ich an, über mein Leben Buch zu führen. Ich notierte, was und wo ich aß. Wann ich auf die Toilette ging und was ich dort machte. Wann und wo ich masturbierte und wie lange es dauerte, zum Höhepunkt zu gelangen. Wenn es einen gab.

Wie andere Züge beobachten, etwa am Westbahnhof, wo ich viel Zeit verbrachte, so beobachtete ich mich selbst: Ich war ein Zug, der sich nicht an den Fahrplan hielt.

Daß ich mich beobachtete, hielt ich geheim. Die Welt hätte kein Verständnis für mein Forschungsprojekt aufgebracht und mich wahrscheinlich bestraft. Die Welt straft oft und grausam.

So begann mein erstes Doppelleben.

Bald darauf entdeckte ich in mir den Wunsch zu herrschen. Über Menschen, wohlgemerkt. Haustiere habe ich nie gehabt, und über Tiere zu herrschen, kam mir seit jeher niedrig und verächtlich vor, und so sehe ich es noch heute.

In mein erstes Kontobuch schrieb ich: »Ich will Herrscher werden. Wahrscheinlich bin ich schon auf dem besten Weg dazu, aber die Welt weiß noch nichts davon.«

Die ersten Menschen, die ich beherrschen wollte, waren meine Familienangehörigen: Vater, Mutter und zwei Brüder.

Mein Griff nach der Macht – ich war noch naiv – verlief nicht ohne Probleme. Meine Familie erkannte mich als Herrscher nicht an. Vor allem mein Vater leistete Widerstand. Wenn ich im Kassenbuch zurückblättere, lese ich, daß ich zwei Wochen lang versuchte, ihn zu dressieren. Beim Abendessen, der einzigen Gelegenheit, in dem unsere Familie zusammen war, sagte ich zu meinem Vater, wenn er die Gabel zum Mund führte: »Iß!« Und wenn er sein Glas zum Mund hob: »Trink!«

Drei Tage sah er mich irritiert an, doch am vierten und fünften widersetzte er sich nachdrücklich meinen Befehlen. Wenn ich sagte: »Iß!«, legte er die Gabel neben den Teller, sagte ich: »Trink!«, stellte er sein Glas klirrend auf den Tisch zurück.

Im Abrichten meines Vaters hatte ich damit meine ersten Erfolge zu verbuchen, ich hatte ihn konditioniert; an diesem Tag malte ich eine Sonne in mein Kassenbuch.

Der Rest der Familie beachtete meine Bemühungen nicht. Unsere Familienbande waren eher lose. Mit Ausnahme meiner Brüder. Sie hatten ein relativ stabiles Bündnis geschlossen, das darin bestand, sich kaum um den Rest der Familie zu kümmern. Sie wußten schon damals, daß Familie etwas ist, wovon man sich distanzieren muß.

Doch meine ersten Erfolge waren leider nur von kurzer Dauer. Nach einer Woche sagte mein Vater: »Der Junge muß zum Psychiater.«

Er suchte Hilfe von außen, um meinen Angriff abzuwehren. Ich spürte, daß seine Position wankte, doch allein konnte ich ihn nicht zu Fall bringen. Darum versuchte ich, meine Mutter auf meine Seite zu ziehen. Sie hatte immer viel über meinen Vater zu klagen gehabt, die Zeit war reif, sich das zunutze zu machen.

Beim Abendessen sagte ich: »Mama, hast du dir Papa schon mal genau angesehen? Er ist alt und häßlich, eigentlich müßten wir ihn in ein Heim bringen.«

»Ja«, sagte sie, »du hast recht, in einem Altersheim wäre er viel besser aufgehoben.«

So fanden wir uns in unserer Abneigung, die nicht der Liebe entbehrte, zu ein und demselben Mann: ihrem Gatten, meinem Vater.

Doch stellte sich meine Mutter als unzuverlässiger Bündnispartner heraus. In völlig unerwarteten Momenten verschwor sie sich plötzlich mit meinem Vater gegen mich, und es kostete mich Tage, manchmal Wochen, die beiden wieder zu entzweien.

In der ersten Therapiestunde erzählte ich dem Psychiater von meinen Plänen, meine Familie zu dressieren.

Auf seine Frage »Warum?« antwortete ich:

»Weil meine Eltern wollen, daß ich viel nachdenke – nun, ich habe viel nachgedacht und bin zu der Erkenntnis gekommen, daß es für alle das beste wäre, wenn ich meine Familie domestiziere.«

Das Wort »herrschen« nahm ich wohlweislich nicht in den Mund. Ich hatte den Eindruck, daß ich den Psychiater leichter mit dem reizenden Wort »domestizieren« für mich gewinnen könnte. Und ich hatte recht. Noch am selben Tag hörte ich ihn zu seiner Sekretärin sagen: »Mit dem Jungen ist alles in Ordnung, bestell lieber die Eltern mal her.«

Über meine Mutter machten Gerüchte die Runde, sie habe Affären. Obwohl sie meinem Vater gegenüber bestimmt Zuneigung empfand, konnte es also auch nur in ihrem Interesse sein, wenn wir ihn in ein Meerschweinchen verwandelten. Sie würde ihn einmal pro Tag füttern, ihn ab und zu streicheln, das Dienstmädchen würde den Käfig sauberhalten, und am Sonntagabend vor dem Fernseher dürfte mein Vater, das Meerschweinchen, bei Mama auf dem Schoß sitzen. Theoretisch ließe sich diese Zähmung innerhalb einiger Monate bewerkstelligen. Dann wäre die Metamorphose beendet, dann wäre mein Vater ein Meerschweinchen.

Ich tat alles, um ihn darauf vorzubereiten. Wenn wir nach dem Abendessen frisches Obst aßen –

mein Vater war ein begeisterter Birnenesser –, bestand ich darauf, das Obst für ihn zu schälen, in kleine Stückchen zu schneiden und ihm in den Mund zu stecken. »Du bist doch mein liebes Väterchen«, sagte ich dann, während ich ihm das Obst in den Mund stopfte. »Das macht sich doch viel besser, wenn wir dich ein bißchen füttern. Du bist ein liebes Väterchen, wenn du nur schön brav bleibst.«

Doch der Wankelmut meiner Mutter lehrte mich, daß auch eine offensichtlich geteilte Interessenlage nicht die geringste Garantie für eine stabile Allianz bietet.

Je länger unser Bündnis dauerte, desto unberechenbarer wurde sie.

Verrat läßt sich verhindern, indem man dem Verbündeten wiederholt und überzeugend mit Repressalien droht, aber das kann man glaubwürdig nur dann, wenn man der Stärkere von beiden ist. Und was auch immer ich war, der Stärkere war ich nicht.

Meine Mutter sagte immer: »Man kann keine gesellschaftliche Position erobern und behalten, ohne gleichzeitig Haß zu erzeugen. Schon gar nicht in der Liebe.«

Ihr ging es vor allem um eines: angestarrt zu werden, von zahllosen neidischen Blicken.

Wer von niemandem gehaßt wird, niemandes Eifersucht erregt, befindet sich auf vollkommen verlorenem Posten. Ohne Übertreibung kann ich behaupten, daß meine Mutter der Clausewitz der Liebe war.

Hatte ich zuwenig Macht, um Zuneigung zu erzwingen, so wurde ich auch nicht gehaßt. Doch ein bißchen Haß ist einem Leben, dem Zuneigung und Haß vollkommen abgehen, bei weitem vorzuziehen.

Als meine Eltern sich weigerten, mit dem Psychiater zu sprechen, gab er die Behandlung auf. »Laß sie ruhig eine Weile schmoren«, sagte er bei der letzten Sitzung. »Such dir eine eigene Wohnung.«

Doch dazu fehlten mir die finanziellen Mittel, außerdem: Über wen soll man herrschen, wenn man alleine wohnt?

Alles in allem halfen mir die wenigen praktischen Tips dieses Psychiaters und das beharrliche Schweigen seiner fünf Nachfolger wenig. Wovon ich sehr wohl etwas hatte, das war das Beobachten meiner Mutter, die sich die Welt nach ihrem Gutdünken einrichtete, als habe diese nur einen einzigen Daseinsgrund: sie glücklich zu machen.

Damit ein Bündnispartner einen nicht rücklings erdolcht, sollte man vorsichtshalber noch andere Allianzen eingehen, um abgesichert zu sein, wenn der Partner eines Tages zum Feind überläuft. Das tat ich denn auch. Aus Rache konspirierte ich wiederholt mit meinem Vater gegen meine Mutter. Dann verriet ich Ort und Zeit ihrer Rendezvous und hetzte meinen Vater auf, den eifersüchtigen Gatten zu mimen.

Der Trumpf, den ich dabei oft ausspielte, war: »Sie demütigt dich in aller Öffentlichkeit, du mußt etwas unternehmen.«

Heimliche Demütigungen konnte er ertragen, aber Demütigungen in aller Öffentlichkeit brachten ihn an den Rand der Raserei. Dann schritt er zur Tat und schloß meine Mutter in ihrem Boudoir ein.

Leider ist es mir nie gelungen, Alleinherrscher in unserer Familie zu werden. Die Familie fiel auseinander, bevor ich stark genug war, meine Pläne zu verwirklichen. Immerhin gelang es mir, die anderen Parteien derart zu schwächen, daß niemand mich mehr beherrschen konnte, ohne dafür einen hohen Preis zu zahlen. Ich wurde nicht mehr zum Nachdenken in mein Zimmer eingesperrt; fortan durfte ich das in freier Natur tun.

Auch wenn diese Auseinandersetzungen mir oft

beträchtliche körperliche und auch finanzielle Wunden schlugen – meine Familienangehörigen stießen und traten einander, wenn sie mit Worten nicht mehr weiterwußten –, ließ ich mich in meinem Willen zur Macht niemals anfechten, im Gegenteil.

Sechs Monate nach meinem Entschluß, mir meine Familie untertan zu machen, zog sich mein Vater mehr und mehr aus dem Kampfgeschehen zurück. Ich konnte ihn nicht besiegen, er konnte mich nicht besiegen. Wir verloren jeden Kontakt und gingen einander aus dem Wege. Waffenstillstand führt zu Entfremdung.

Mit dieser Einsicht beendete ich mein erstes Kassenbuch, und ich begann guten Mutes mit meinem zweiten. Meine Selbstanalyse hatte schon mehr Ergebnisse gebracht als die Analyse so manchen Wiener Psychiaters.

Mit meiner Mutter dagegen, die mich wenigstens als Feind akzeptierte, wurde der Kontakt bis zu ihrem Tod immer intensiver. Ich entdeckte ihren wunden Punkt und erfuhr am eigenen Leibe, was andere schon vor mir entdeckt hatten: Krieg ist eine Form des Kontakts, der Kontakt der Kontaktgestörten.

Der wunde Punkt meiner Mutter war ihre unerhörte Eitelkeit.

Und darin war sie dem Rest der Welt nicht unähnlich.

Die größten Siege über meine Mutter habe ich errungen, indem ich ihr schmeichelte, indem ich vorgab, ich sei von ihr abhängig und ohne sie aufgeschmissen. Ich machte ihr Komplimente, spielte mit ihr, lachte über ihre Scherze und hob sie in den Himmel. O Eitelkeit, wieviel – wenn nicht alles – verdanke ich dir!

Im Kampf um die Macht erwies sich Verführung als einzigartiges strategisches Mittel, das verglichen mit grober Gewalt unschätzbare Vorteile bot. Schmeicheleien und Verführung nämlich fordern – kurzfristig zumindest – keine Todesopfer. Schmeicheleien fordern ihre Opfer erst auf mittlere oder längere Sicht, weil es nicht ratsam ist, damit fortzufahren, wenn die anderen für unsere Position nicht mehr die geringste Bedeutung haben. Individuen, die sich betrogen fühlen, können auf Neid und Haß verfallen, wenn wir sie plötzlich stehenlassen. Doch wir haben keine Wahl, in der Welt der Liebe müssen die Schwachen selbst sehen, wo sie bleiben, jedes Erbarmen wäre eine Wunde, die wir uns selbst zufügen, und möglicherweise eine fatale.

So beendete ich mein zweites Kassenbuch mit dem Vorsatz, mir keine fatalen Wunden zuzufügen.

Ein Wendepunkt in meinem Leben war der Tag, als ich zum ersten Mal den Film *Der Mann, der die Frauen liebte* von François Truffaut sah. Ich war damals neunzehn. Der Film beginnt und endet mit dem Begräbnis von Bertrand Morane. Zu seiner Beerdigung erscheinen nur Frauen. Kein Mann weit und breit.

Männer spielten im Leben Moranes nur eine untergeordnete Rolle. Sein Grundsatz, nach sechs Uhr abends nur noch in Gesellschaft von Frauen zu verkehren, schien mir eine Weisheit, die die vieler großer Denker weit übertrifft.

Eine Ahnung wurde durch den Film zur Idee, zur Überzeugung. Zu einer Zukunftsperspektive.

Ich beschloß, mit der Hälfte der Welt vorliebzunehmen.

Über Männer zu herrschen erschien mir ohnehin verächtlich und minderwertig. Da war es noch ehrenvoller, das Szepter über eine Platte Cocktailhäppchen zu schwingen. Außerdem lagen die Waffen der Männer mir nicht besonders, ich fand sie zu grob und zu plump.

Als ich kurz nach dem Erlebnis mit Truffauts Film ein Interview mit Fellini las, in dem er sagte, daß alle seine Filme von Frauen handelten und daß er sich nirgends so wohl fühle wie in ihrer Gesellschaft, verwandelte sich meine Überzeugung in Religion. Über Frauen mußte ich herrschen. Zu meiner Beerdigung sollten nur Frauen kommen. Und zwar viele.

Mein Gott hieß Don Juan.

Stendhal schreibt in *Über die Liebe:* »Don Juan leugnet alle Pflichten, die ihn mit den anderen Menschen verknüpfen. Auf dem großen Markt des Lebens ist er ein Kaufmann ohne Treu und Glauben, der immer nur nimmt und nie bezahlt. Die Idee der Gleichheit macht ihn ebenso rasend wie das Wasser den Wasserscheuen.«

Voilà. Auch wenn es mir ein wenig mißfiel, daß Don Juan nie zahlte. Betrug hat mich nie gereizt. Doch die Idee der Gleichheit machte mich ebenso rasend wie ihn. Und daß er die Pflichten leugnete, die ihn an andere Menschen banden, kam mir ebenfalls sehr gelegen.

Die Vorstellung, daß jeder Mann Anrecht auf *eine* Frau hat, kam mir unter dem Einfluß der Literatur, die ich studierte, immer abstoßender vor. Ich war der Meinung, daß einige – was heißt einige: viele! – Männer überhaupt kein Recht auf eine Frau hatten, andere vielleicht auf fünf, wieder andere auf zwanzig, und ein einzelner, ein Ausnahmeindividuum, ein Herrscher im wahren Sinne des Wortes, hatte Anspruch auf alle Frauen, auch die ungeborenen. Vielleicht sogar die toten.

Seitdem war ich der Meinung, daß alle Frauen mir gehörten; dabei war ich durchaus bereit, hier und da einem Mann, der mir nicht unsympathisch erschien, eine Frau auszuleihen, doch mehr nicht.

Je mehr ich in meiner Ideenwelt lebte, um so schmerzhafter und unangenehmer wurde die Konfrontation mit der Wirklichkeit. Und um so mehr ging ich dieser Konfrontation aus dem Weg.

Für die Außenwelt blieb ich der freundliche, sanftmütige, wohlerzogene junge Mann, den ich schon seit längerer Zeit spielte. Der wahre und echte Marek jedoch wurde immer herrschsüchtiger und unversöhnlicher. So wie Ehepaare manchmal sagen: »Wir haben uns auseinandergelebt«, so konnte ich sagen: »Ich habe mich auseinandergelebt.« Der wahre und der falsche Marek hatten nur noch wenig gemein. Der wahre aber mußte immer besser versteckt werden, ein kurzer Blick auf ihn hätte genügt, um jeden Menschen ein für allemal in die Flucht zu schlagen.

Mein Leben wollte meinen Ideen nicht gehorchen. Die Ideen waren realisierbar und lebenswert, was man vom Leben nicht unbedingt sagen konnte.

Ich litt unter dem Mangel an Macht. Meine Untertanen waren so rebellisch, daß sie sich nicht mal mehr die Mühe machten zu rebellieren.

Je mehr man mich ignorierte, desto radikaler wurde ich, was nicht zu verwundern braucht, da ich meine Gedanken mit niemandem bereden konnte und mir daher auch niemand widersprach. Ich war ein Radikaler, nicht in der Welt der Politik, sondern in der Welt der Liebe. Frei, aber einsam. Ein einsames Radikal.

Die Welt reagierte auf mein Machtstreben, so wie meine Familie es getan hatte: etwas verwundert, mit leichter Gleichgültigkeit und einigem Widerstand. Frauen ignorierten mich, genau wie Männer. Ein schlechtes Zeichen für einen Herrscher.

Ich beschloß, mich vorläufig in ausschließlich weiblicher Umgebung aufzuhalten. Das war nicht einfach, denn zu einer solchen Umgebung hatten Männer meist keinen Zutritt. Ich kam auf die Idee, mich zu einem Nähkurs anzumelden, wo ich lernen sollte, meine eigene Kleidung zu schneidern.

Die Vermutung, daß sich zu einem solchen Kurs nur Frauen anmelden würden, wurde bestätigt. Es handelte sich um vier Damen Ende Dreißig, die schon ausgezeichnet mit Nadel und Faden umgehen konnten, mich aber trotzdem, nach Zahlung der Kursgebühr, liebevoll in ihren kleinen Kreis aufnahmen.

Sie dachten, ich sei schwul, und ermunterten mich, meine wahre sexuelle Neigung nicht länger zu verbergen. Eine von ihnen sagte: »Wenn du dich allein nicht traust, kann ich ja gern mal in eine Schwulenkneipe mitkommen.«

Selbst befriedigte ich mich damals, meinen Kassenbüchern zufolge, mit Vorliebe auf Damentoiletten, während ich den Gesprächen der Frauen lauschte. Manchmal genügten bereits ihre Geräusche.

Ich muß zugeben, daß die Frauen, die ich schließlich eroberte, nicht zu den begehrenswertesten gehörten. Doch in jeder Frau steckt eine geheime Schönheit. Die Gesellschaft gleich welcher Frau ist der eines Mannes immer noch weit vorzuziehen.

Und ich entdeckte noch etwas Wichtiges: Die Eroberung einer Frau war eine Transaktion, bei der die Frau den Mann erwählte. Dabei konnte Schönheit helfen. Wichtiger jedoch waren der Status des Mannes, die Aufmerksamkeit, die er bereit war, der Frau zu widmen, und seine Fähigkeit, in ihr die Illusion zu wecken, daß ihre Stellung in der Welt durch ihn gefestigt würde. Don Juan war nicht so sehr jemand, der auf dem Markt der Welt nahm, was er kriegen konnte, er war vielmehr einer, der bereit war, alles zu sein, was die Frau, die ihn vergötterte, in ihm sah. Er ähnelte darin seinem weiblichen Gegenstück Lulu aus dem gleichnamigen Drama von Frank Wedekind.

Die Lehrerin des Nähkurses, die nach einigen Monaten zu der Überzeugung gelangt war, daß ich doch nichts für Männer übrig hatte, sagte: »Tja, bis auf dein rabenschwarzes Haar und deine schönen Augen hast du wenig zu bieten. Such dir erst mal eine gute Stelle, dann findest du schon ein nettes Mädchen.«

Doch Karriere und gesellschaftliche Anerkennung schienen mir gleichbedeutend mit Selbstmord zu sein. Die Gesellschaft und ich harmonierten nicht besonders, und solange die Gesellschaft stärker war, würde ich unweigerlich den kürzeren ziehen.

Ich hatte die Lehre meiner Mutter – daß Eitelkeit die Welt regiert – nicht umsonst erhalten und beschloß daher, alle Zurückhaltung und Scham fahrenzulassen. Von nun an warf ich mich Frauen zu Füßen, Frauen, die ich kannte, Frauen, die ich nicht kannte, Frauen, die mir ein Signal gegeben hatten, Frauen, die mich ignorierten. Eine männliche Lulu wollte ich sein. Ihre Worte sprachen mir aus dem Herzen: *»Machen Sie mit mir, was Sie wollen; wozu bin ich denn da! Nur das nicht! Nur das nicht! Werfen Sie mich nicht weg!«*

In so manchem Wiener Innenhof flehte ich: »Wirf mich nicht weg! Alles, nur das nicht. Tu mit mir, was du willst.«

Und ich wurde oft weggeworfen. Je öfter ich rief »Wirf mich nicht fort, tu alles mit mir, nur das nicht!«, um so öfter und mitleidloser warf man mich weg.

Dies waren gute und nützliche Erfahrungen, die eine Vermutung bestätigten, die ich schon seit dem Moment hegte, als ich begriffen hatte, daß die Schwachen in der Welt der Liebe selbst sehen müssen, wo sie bleiben. Wer nicht weggeworfen werden will, so lernte ich, muß selbst wegwerfen.

Ich nannte dieses Gesetz: »das Grundprinzip des Herrschers.«

Meine Phantasien über Frauen waren zu jener Zeit noch harmlos. Obwohl ich in meinen Kassenbüchern sehe, daß sich damals auf der Damentoilette im Westbahnhof die erste Vergewaltigungsphantasie in mir regte. Die Phantasie ging folgendermaßen: Ich klingle an einem ruhigen Nachmittag bei einer Frau, der ich ein paar Tage zuvor gefolgt bin, als sie mit zwei vollen Einkaufstüten aus dem Supermarkt kam. Sie bewohnt ein schönes Haus in einer stillen, baumbestandenen Straße. Ich weiß, daß ihr Mann in dem Moment nicht zu Hause ist. Sie öffnet, und ich sage: »Ich bin gekommen, Sie zu vergewaltigen.«

Sie antwortet: »Oh, treten Sie doch ein.«

Hier artet die Phantasie langsam in einen Alptraum aus, denn ich hatte natürlich gehofft, daß sie sich wehren und schreien würde, daß ich sie an die Wand drücken und ihr den Mund zuhalten müsse. Doch nichts dergleichen.

Wir setzen uns an den Tisch, und sie fragt: »Kaffee oder Tee?«

Sie kocht Kaffee, und wir führen ein nettes Gespräch über ihr Leben und einige Schriftsteller, die wir beide bewundern. Dann fragt sie sachlich: »Findet die Vergewaltigung jetzt noch statt, oder was ist nun?«

Ich schaue auf die Uhr und antworte: »Ich muß zum Abendessen nach Hause, aber ich komme morgen wieder.« Ich renne weg, um rechtzeitig zu Hause zu sein. An der Ecke schaue ich mich noch einmal um und sehe die Frau, die ich hatte vergewaltigen wollen, in der Türe stehen und mir zuwinken. Diese Vergewaltigungsphantasie, die sich ohne mein Zutun in einen Alptraum verwandelte, hat mich jahrelang verfolgt.

Eine Variante dieser Phantasie, die mich später häufig plagte, bestand darin, daß die Dame während des netten Gesprächs ein Baby aus dem Laufstall holte, ihm die Brust gab und mir dabei vielsagende und schelmische Blicke zuwarf.

Während meine wirkliche Herrschaft über die Hälfte der Welt noch etwas warten mußte, war meine Phantasie nicht zu bremsen. Ich entwickelte Phantasien über fast jede Frau, der ich begegnete.

Es gibt Arztberichte aus jener Zeit, die behaupten, meine Phantasien ständen einem »adäquaten Konfliktlösungsverhalten« im Wege. Ich muß diesen Berichten widersprechen.

»Einen Mann demütigt die Länge der Belagerung, für die Frau ist sie ruhmvoll«, schreibt Stendhal. Auf eine Demütigung mehr oder weniger ist es mir nie angekommen. Mein inadäquates Verhalten zu jener Zeit muß der Länge der Belagerung zugeschrieben werden. Ich belagerte so lange und fruchtlos, daß das Belagern vom Mittel zum Zweck erhoben zu sein schien. Mehr noch: Die Idee, die Belagerung könne zu etwas führen, jagte mir Angst ein.

Dennoch hatte ich nach jahrelanger Belagerung endlich ein Verhältnis mit einer Kindergärtnerin. Sie kam aus einem Dorf in der Nähe der slowenischen Grenze, sie hatte noch nie einen Orgasmus gehabt, und das wollte sie auch weiter so halten. »Sex«, sagte sie, »das geht ja noch, aber ein Orgasmus ist der Anfang vom Ende.« Oft heulte sie nach dem Vögeln und manchmal auch mittendrin. Dennoch zögere ich, eine Verbindung zwischen ihrem Kummer und dem Geschlechtsverkehr herzustellen, denn auch wenn wir keinen Verkehr hatten, standen ihr oft Tränen in den Augen.

Sie war zusammen mit ihren Eltern nach Wien gezogen. Ihre Eltern gingen dreimal wöchentlich kegeln, und an jenen Abenden benutzten wir das Ehebett. Die Laken hatten den muffigen Geruch, den man auch in manchen Pensionen und Obdachlosenunterkünften findet.

Während des Geschlechtsakts flüsterte die Kindergärtnerin, wenn sie nicht gerade heulte: »Sachte, Marek, sachte, sachte, sachte.«

Es war, als nehme mein Vater durch sie Rache

für meine Dressurversuche. Denn hier wurde ich, und nicht ohne Erfolg, gezähmt.

Mehr und mehr fühlte ich mich beim Vögeln wie ein großes Meerschweinchen, das sich in die Vagina der Kindergärtnerin verirrt hatte.

Oft sagte sie, wenn ich sie suchend berührte: »Mußt du deinen Glibber wieder loswerden, Marek?« Oder auch: »Was für ein Glück für dich, daß meine Eltern so gern kegeln.«

Ich war monogam, wenn auch nicht freiwillig. Außer der Kindergärtnerin begehrte ich viele andere, doch die Wirklichkeit schien mir so feindselig, daß ich ihr lieber aus dem Weg ging. Mein Leben fand anderswo statt.

Wer nicht all seine Kraft zum Überleben braucht, hat viel sexuelle Energie. Das galt auch für mich. Die Kindergärtnerin hatte andere Prioritäten, darum konzentrierte sich all meine Energie auf das Verlangen.

»Ich möchte einmal einem Lustmörder in die Hände gerathen«, sagt Lulu.

Zwei entgegengesetzte Sehnsüchte kämpften in mir: Einerseits wollte ich einem Lustmörder in die Hände fallen – oder besser gesagt: einer Lustmörderin –, andererseits wollte ich selbst ein Lustmörder werden. In meinen Gedanken wurde der echte

Marek immer roher und brutaler, der falsche dagegen immer artiger und netter. Ein Schuldiger war ich, auf der Suche nach einem Verbrechen, ich brauchte nur noch ein Motiv: Und was wäre ein besseres Motiv als Lust.

Die ultimative Strafe für Unzucht, der Tod, war gleichzeitig eine Erlösung aus einer Wirklichkeit, die mir immer unerträglicher vorkam. Wie ein potentieller Selbstmörder mit der Spielzeugpistole auf Polizeibeamte zielt in der Hoffnung, sie schießen, so drückte ich in der Phantasie meinem Opfer das Messer an die Kehle in der Hoffnung, sie würde zuschlagen.

Nach der Tat, während mein Sperma sich noch in der Vagina des Opfers tummelte, risse sie mir das Messer aus der Hand und stäche zu. Nicht einmal, nein, mindestens dreißigmal.

Sex endet entweder mit einer Dusche oder dem Tod. Aufgeputscht von den Büchern, die ich las, zog ich in meinen Träumen den Tod vor, besonders, wenn er durch die Hand der Frau erfolgte, die ich eben noch geliebt hatte, zwar als Vergewaltiger, aber doch geliebt.

Viele unterscheiden zwischen einer Verstandes- und einer Liebesheirat. Das ist kurzsichtig. Jedes Bündnis beginnt, weil beide Partner ein Interesse daran haben oder doch zu haben glauben. Daß wir uns dieses Sachverhalts nicht immer bewußt sind, ist kein Beweis für die Unrichtigkeit meiner Behauptung, höchstens dafür, daß unsere Instinkte zu Entscheidungen führen, die sich auch rational ausgezeichnet erklären lassen. Daß manche Allianzen bestehenbleiben, obwohl beide Parteien kein wirkliches Interesse mehr daran haben, sagt viel über uns und unsere Gesellschaft aus. Wir sind eine Gattung, die von einem unerschöpflichen und irrationalen Schuldgefühl gequält wird.

Die Ehe beruhte meiner Meinung nach auf einem bösen Irrtum. Die Qualität des Spermas, so las ich, ist nicht bei allen Männern gleich. Wer viele – vielleicht alle – Frauen erobern kann, verfügt zweifellos über interessantes, hochwertiges Sperma. Es schien mir im Interesse der Menschheit zu sein, wenn ein solcher Herrscher alle Frauen befruchtete.

Irgendwo hatte ich gelesen, daß die Länge des Penis eine vielen nicht bekannte, wichtige biologische Funktion besitzt. Ein großer Penis soll – wie das Werkzeug eines Schornsteinfegers – die Vagina bis in den letzten Winkel vom Samen anderer Männer befreien. Der Penis als Waffe: Je länger die Waffe, desto mehr feindlicher Samen ließ sich damit aus dem Wege räumen. Die Länge der Waffe begann mich intensiv zu beschäftigen.

Die Hypothese, daß unser Samen nicht nur geeignet sei, eine Frau zu befruchten, sondern auch dazu, das Sperma anderer Männer, das sich schon in der Frau befindet, außer Gefecht zu setzen, war für mich eine überraschende, doch durchaus angenehme Perspektive.

Ich fühlte mich durch diese Hypothese in meinem Weltbild bestätigt: Überleben hieß Ausschaltung der Konkurrenz. In dieser Vagina, in diesem schwarzen Loch, dieser entzückenden Hölle kann es nur einen geben. Diese Idee war die Mutter aller Wahrheiten.

Zum damaligen Zeitpunkt fragte ich mich noch nicht, ob der Samen des anderen nicht unabdingbar war, weil sonst nichts und niemand mehr ausgeschaltet zu werden brauchte. Hatte ich den Feind, den ich vernichten wollte, nicht genauso nötig wie ein Tennisspieler seinen Opponenten?

Nach ungefähr hundertfünfzig Kegelabenden stellte ich die Kindergärtnerin meiner Mutter vor. Die fragte: »Schämst du dich nicht, so was mit nach Hause zu bringen?«

Daraufhin wurde der Drang, das an mich zu reißen, was man mir vorenthielt, immer größer.

Stimmen in meinem Kopf riefen mich zur Feindberührung auf, zum Krieg, zur Ausschaltung feindlichen Samens.

Einstweilen strafte ich den feindlichen Samen noch mit Nichtbeachtung.

Meine Kindergärtnerin rief in mir inzwischen hauptsächlich Ekel hervor. Dies ist eine Entwicklung, die fast jede Leidenschaft durchläuft. Es beginnt mit Begehren und endet im Ekel. Dieser Prozeß braucht manchmal Jahre, kann sich aber ebensogut binnen vierundzwanzig, ja sogar nur zwölf Stunden vollziehen. Dabei sollte derjenige, der den Ekel empfindet, sich klarmachen, daß der andere vor ihm wahrscheinlich dasselbe verspürt. Ekel kann ein Bindemittel sein, das eine halbtote Beziehung noch Monate, manchmal Jahre am Leben erhält. Trauriger ist das Ende aus purer Gleichgültigkeit.

Stendhal trifft den Nagel auf den Kopf, wenn er feststellt, daß, wer die Furcht in der Liebe tötet, die Liebe selber tötet.

Wer keine Angst verbreitet, wird kein Begehren wecken und keine Liebe ernten. Genau das war mein Fehler gewesen, zwar hatte ich mich vielen Frauen zu Füßen geworfen, doch weil ich es ernst meinte, war dieser Kniefall völlig wirkungslos.

Wem es ernst ist, wer dem Spiel und der Maskerade keinen Raum läßt, begeht einen weitverbreiteten, doch darum nicht weniger riskanten Irrtum. Er hofft auf Rettung, wo es keine Rettung gibt. Er versteht die Liebe nicht.

Immer wenn ich das Wort »Liebe« in den Mund nahm, dachte ich an Dr. Schöning aus *Lulu*, der sagt: *»Die Liebe kommt über das Thier nicht hinaus.«*

Wer von ihr erwartet, daß sie über das Tierische hinauskommt, betrügt sich selbst. Was bleibt übrig, wenn sie das Tierische wirklich hinter sich läßt? Ein Meerschweinchen im Käfig, kuschelig, gezähmt – dem Tierischen entstiegen.

Größer noch als unser Verlangen nach dem gezähmten Tier ist unsere Langeweile, und dank dieser Langeweile werden wir uns immer wieder heimlich oder in aller Öffentlichkeit dem gezähmten Tier entziehen und die Gefahr suchen. Natürlich ist Leben fast immer dem Nicht-Leben vorzuziehen, das Gegenteil zu behaupten wäre Heuchelei oder bewiese mangelnde Phantasie. Doch das Leben muß einen auch spüren lassen, daß man lebt. Die totale Sicherheit führt zu totalem Vegetieren.

Und dieses Vegetieren erzeugt Menschen, die mit dem Vegetieren nicht zufrieden sind und ihr

Heil in der Friedensbewegung, im Fußball und anderen Varieté-Darbietungen suchen. Mit allen damit einhergehenden üblen Folgen.

Man muß nicht in Wien geboren sein, um zu erkennen, daß dabei – verformt und sublimiert – die Bestie wiederkehrt, von der wir dachten, sie an der Leine unserer erfindungsreichen und vernünftigen Gesetze zu führen.

Die Bestie, genannt Liebe, sie mußte ich also suchen – und finden. Das Meerschweinchen reichte mir nicht.

Nach der Kindergärtnerin lernte ich S. kennen. Sie hatte Soziologie studiert, arbeitete für das Kulturministerium in Wien, entsprach ansonsten aber absolut nicht dem, was ich mit einem österreichischen Beamten verband. In ihr glaubte ich die Bestie Liebe gefunden zu haben.

Wie schwierig ist es, von Leidenschaft zu sprechen, wenn sie Vergangenheit geworden ist, von der rasenden Eifersucht, dem scheinbar wahnsinnigen Glück, gefolgt von totaler Erschütterung, der grundlosen, alles beherrschenden Angst, der Flucht aus der Wirklichkeit, die gelungen zu sein scheint. Ich gebe meine Tage mit S. in Kurzform wieder, schließlich ist dies kein Roman. Ich lernte die Kehrseite des Herrschens kennen: die geheime Lust, beherrscht zu werden.

Wie eine Mutter sich ihrem Kind, so weihte ich mich der Bestie Liebe. Meine gesellschaftlichen Verpflichtungen dienten mir hauptsächlich für diese Bestie, schließlich will sie auch was zu fressen haben.

Oh, ich wurde für meinen Kultus reich belohnt.

Ich wurde bewundert, angebetet, begehrt, vergöttert.

Doch jede Bewunderung enthält schon schlummernd den Keim, die Aggression zukünftigen Herrschenwollens. Eine neue Schlacht kündigte sich an.

Ich las *Der Fall* von Albert Camus. Ein Roman, der mich auf die Idee brachte, daß es in der Literatur darum geht, über sich selbst zu Gericht zu sitzen.

Der gefallene Advokat Jean-Baptiste Clamence sagt dort: »Wir haben weder die Kraft zum Bösen noch die zum Guten.«

Das war die Peitsche, mit der ich die Bestie schlagen wollte und schließlich auch wirklich schlug. Denn so, wie Jean-Baptiste Clamence die Menschen beschrieb, wollte ich nicht sein, dieser Wirklichkeit wollte ich mich genau wie Don Juan entziehen. Die Kraft, die Clamence dem Menschen abspricht, fand ich in mir: die Kraft zum Bösen, die Kraft, *schlecht* zu sein.

Ich begann meine Soziologin S. zu betrügen, was nicht schwierig war, denn das Kulturministerium nahm sie stark in Beschlag. Unter ihrem Einfluß hatte ich mir eine neue Frisur zugelegt, so wie auch andere Kleidung und neue Schuhe, und wenn ich Bargeld benötigte – ein Verführer darf nicht knausrig sein –, tat ich einen Griff in ihre Haushaltskasse. Der Staat entlohnte meine Soziologin reichlich für ihre Dienste.

Kurzum, ich hatte meine Ware aufs beste hergerichtet, mit Hilfe meiner Alliierten und Geliebten S., und tat auf dem Markt des Lebens einige entscheidende Schritte nach vorn.

Der Charme eines Verführers ist ein Spiel, in dem das Gegenüber unterliegen muß. Seine Gebärden sind Instrumente, die ihr Ziel nie verfehlen; die Art, wie er sein Weinglas hält, beschwört das Bild einer besseren und schöneren Welt herauf.

Der Betrug begann als Einzelfall, wurde zum Rückfall, dann eine Serie, und dann, zu guter Letzt, ein Sport, ein Leistungssport vielleicht sogar. Bescheidenheit wäre hier fehl am Platz, wenn ich etwas tat, dann tat ich es richtig, mit Leib und Seele. Schließlich wurde der Betrug zu meiner Religion, er erklärte viel und machte alles schön, zumindest schöner, und sei es nur, weil er keine Gelegenheit zum zweimal Hinsehen ließ. Die Landschaft flog vorbei wie in einem Schnellzug, und gerade das machte es so schön: die Unmöglichkeit, sie genauer zu betrachten. Es durfte kein Verweilen geben. Der Weg ins Paradies führte über den

Betrug, im Kult der Untreue erwies ich mich als ein tief Gläubiger.

Zu Hause putzte ich die Schuhe der Soziologin, studierte Albert Camus und ging dann auf die Straße, um das zu sein, wovon Camus' Anwalt glaubte, daß uns die Kraft dazu fehlte. Ich wollte vergessen, wer ich war, und dazu hatte ich immer wieder andere nötig, eine neue, eine nächste, eine unbekannte Dritte, um zu vergessen, daß die Maske vor dem echten Marek van der Jagt zu zerreißen drohte, dem einzigen, dem wahren, den niemand lieben konnte und wollte. Vor allem er selbst nicht.

Ich war glücklich, glaubte ich, ich lebte in zwei Welten, die jede für sich unvollkommen blieben, zusammen jedoch einen Grad an Vollkommenheit erreichten, der mich mit Zufriedenheit erfüllte.

Ich herrschte in, zugegeben, sehr bescheidenem Umfang, aber dennoch, nennen wir es herrschen. Ich wurde begehrt, hier und da schenkte ich Lust, und mein tiefstes Bedürfnis – angebetet zu werden – wurde reichlich befriedigt.

Man kann es Narzißmus nennen oder andere Etiketten auf mein Verhalten kleben, aber keine unserer Aktivitäten entkommt dieser Liebe: der zu uns selbst. Der einzige, dem wir selbst bei wiederholtem Betrug nie wirklich untreu werden können, das sind wir selbst.

Auf dem Höhepunkt meines bescheidenen Erfolgs als Don Juan entdeckte ich den kleinen Haken an der Begierde: Sie lockt Parasiten an.

Ich war wie ein angebissener Apfel, der vor einem dreiwöchigen Urlaub auf der Anrichte vergessen worden ist. Beim Nachhausekommen hat sich eine ganze Kolonie Fliegen und anderer Tierchen auf ihm niedergelassen. Ich lockte die Frauen an wie Fliegen, doch viele von ihnen wurde ich nicht mehr los. Manche gingen von selbst, sie kamen, kosteten und zogen ihre Konsequenzen. Doch die Frauen, die blieben, fanden das »Spiel für einen Don Juan und seine Eroberung« auch auf längere Sicht eine ausgesprochen verlockende Vorstellung. Weggeworfen zu werden erwies sich als einfacher als wegzuwerfen, welche Ironie!

Ich warf niemanden weg. Sowohl die Matinee als auch die Abendvorstellung waren ständig ausverkauft. Nur diejenigen, die den Mut aufbrachten, das Spiel zu durchschauen, gingen von ihren Plätzen, der Rest blieb. Die Starken gingen, die Schwachen blieben. Der Don Juan von Wien verwandelte sich in den Fahrer eines Krankentransports voll Sterbender und Schwerverwundeter.

Ich wurde von jenen angebetet, die am Rande des Selbstmords balancierten, die Psychose drohte, bis zur totalen Zerrüttung war es nur noch ein Schritt. Jeder Tag, der nicht in der Zwangsjacke endete, war ein Wunder, doch das störte mich nicht, ich spielte gern den Retter und Tröster. Ich verlängerte, was niemand sonst mehr verlängern wollte. Der Henker gebärdete sich als Arzt.

Es muß Eitelkeit gewesen sein, die mir die Idee eingab, daß nach mir keine Liebe mehr kommen durfte. Wer meine Liebe erlebt hatte, mußte zwischen mir und dem Totenreich wählen.

Und die Soziologin? Ganz Wien wußte es, nur sie nicht. Oder sie tat so als ob. Sie stand über dem Betrug, weil das die einzige Möglichkeit war, nicht in ihn hineingezogen zu werden. Oft sagte sie, bevor ich die Wohnung verließ: »Zieh was anderes an, dieses Hemd steht dir nicht.«

O Eitelkeit, dir habe ich mein Leben und meine Liebe geopfert, du hast immer das letzte Wort gehabt, du bist stärker als der Tod.

Geschah einmal das Wunder, daß eine der Verwundeten aus meinem Totentanz entkommen konnte, flammte mein erloschenes Interesse sofort wieder auf. Als Freund getarnt stand ich mit kleinen Aufmerksamkeiten vor ihrer Tür, mit Blumen, einem Stück Torte, einer Flasche Likör. Ich wollte alles wissen: Gab es einen neuen Mann? War sie glücklich? Verliebt? Einem guten Freund vertraut man alles an.

Je neuer der neue Mann, desto größer die sexuelle Spannung zwischen mir und der Verwundeten.

Die Unmöglichkeit, den anderen wirklich zu kennen, erwies sich als Vorteil, denn so war der andere immer formbar. Wirkliches Kennen, oder auch nur die Illusion davon, tötet das Verlangen.

»Liebes«, sagte ich, »die Biologen behaupten, Monogamie sei nur erfunden worden, um schwache Männer zu schützen. Wir Menschen sind für die Spermakonkurrenz geschaffen, das heißt, mein Samen ist so gemacht, daß er in deiner Vagina mit dem von anderen den Kampf aufnehmen kann. Tun wir nicht so, als wüßten wir es besser als die Natur.«

Meine Liebkosungen, meine Scherze, meine Aufmerksamkeit hatten wieder ein Ziel, es gab Boden, der zurückerobert werden mußte.

Wenig erregte mich mehr als eine Ex-Verwundete, die gerade noch, vor kaum zwei Stunden, in den Armen ihres neuen Freundes gelegen hatte, und die jetzt in meinen Armen lag, in meiner

Mansarde, im Wald, auf einer Toilette. Ich wollte alles wissen. Was der andere machte, wo, wie oft, wie lange, wie groß, laut oder leise.

Süß war es, dieses Zusammensein, süßer als alle früheren Treffen, denn endlich war ich nicht mehr allein in meinem Betrug. Endlich betrogen wir gemeinsam. Nichts verbindet so sehr wie ein Verbrechen, das man miteinander teilt, endlich der gegenseitigen Gnade ausgeliefert zu sein.

Ich legte meinen Kopf zwischen ihre Beine, ich schmeckte und sagte: »Dieses Sperma enthält genetisch minderwertiges Material.«

Die Bestie Liebe kicherte und wand sich. »Du kannst es nicht schmecken«, sagte sie, »wir benutzen Kondome.« Doch meine Zunge drang durch das Gummi hindurch.

Zwar konnten sie den Totentanz verlassen, aber der Totentanz besuchte sie dann einfach zu Hause. Als Leiter des Krankentransports duldete ich keine Ausfälle. Der Konvoi mußte vollzählig bleiben.

Vielleicht fand ich es unerträglich, daß meine Liebe nicht mit dem Tod gekrönt war, und somit auch nicht echt sein konnte. Ich hoffte, die nächste würde mir eine Erlösung bieten, die länger dauerte als ein paar Stunden, ein paar Wochen, einige wenige Monate.

Das Unmögliche, wonach Don Juan sucht, so wurde mir klar, ist nicht Liebe, auch nicht die Bestie, die unter dieser Adresse residiert, sondern eine akzeptable Erklärung für sein eigenes Ende, für seine Sterblichkeit, eine, mit der er leben kann.

Don Juan sucht die Tat, die ihn mit der endgültigen Strafe, dem Tod, versöhnen kann. Dafür ist kein Mittel geeigneter als die undankbare Bestie Liebe.

Die wichtigste Eigenschaft der unmöglichen – und daher absurden – Liebe ist, daß sie etwas liefert, wofür es sich zu sterben lohnt, sie ist fanatisch, totalitär und blutrünstig.

Doch sterben wollte ich nicht, nur begehrt werden – von den Todgeweihten.

So eroberte ich weiter und wurde ich weiter erobert, in der Welt der Liebe ist die Grenze zwischen beidem schwer zu ziehen. Und in beidem wurde ich immer geschickter.

Im Warenhaus Braun & Co., im Schuhgeschäft Belezza, in der Straßenbahn, im Museum für Volkskunde, im Josefstadt Theater, auf den Toiletten des Westbahnhofs, in der Oper, im Café Hawelka, im Restaurant Steirerstöckl, im Café Landtmann, im Freudmuseum, auf dem Flughafen, im British Bookshop, auf dem Postamt, in jeder Straße, jeder Gasse, bei jedem Licht, zu jeder

Stunde, jeder Jahreszeit: allzeit bereit, der blutrünstigen Bestie zu dienen.

Um danach wieder zu meiner Soziologin zurückzukehren, ohne die meine Operation nicht vollständig gewesen wäre. Sie war mein Alibi, meine Verbindung zur Menschheit. Für den Betrüger ist Betrug keine unangenehme Begleiterscheinung seiner Jagd nach Genuß oder seiner eigenen Schwäche, sondern ein Zweck an sich, eine *conditio sine qua non* für seine Liebe, die nur im Untergrund, im Dunkeln existieren kann. Das Sonnenlicht würde sie töten. Jeder Moment ist der letzte, jeder Kuß, jede Begegnung, nur so kann der Betrüger Intimität ertragen.

Der gefallene Anwalt von Camus hatte auch darin recht: »Die Strafe ohne Urteil ist erträglich.«

Das Unglück dessen, mit dem man intim gewesen ist, ist keine Strafe, sondern ein Urteil.

Was anderen die Armut in Afrika, war mir daher das Unglück meiner Verwundeten. Ich hielt es nicht aus, es machte mich krank, es schlug mich in die Flucht. Im Totentanz des Don Juan von Wien ist Glück keine Option, sondern eine Verpflichtung. Eine Verpflichtung, der leider nur wenige genügen konnten. Mein Erfolg wurde zum Fluch, zur Schande, er zwang mich an den Pranger.

So begann ich mein x-tes Doppelleben, diesmal nicht, weil ich die Entdeckung eines heimlichen Verhältnisses fürchtete, sondern um meiner Verurteilung zu entgehen. Zwar wollte ich die Verwüstung gern anrichten, so stark war ich gerade noch, aber ich wollte sie nicht mit ansehen. Der Totentanz mußte immer weitergehen, um die Trümmerfelder, an denen er vorbeikam, außer Sichtweite zu halten, um blind dafür zu bleiben, was er anrichtete.

Ich wurde zum Flüchtling in meiner eigenen Stadt.

Es ging mir nicht anders als Bertrand Morane, der Hauptperson in Truffauts Film, der mein Leben verändert hatte. Morane will lieben, viele Frauen genießen, dies ist der einfache Wunsch, dem er sein Leben geweiht hat und für den er schließlich auch mit dem Leben bezahlt. Als er sich einmal mitten auf der Straße nach einer Frau umdreht, wird er von einem Auto überfahren und stirbt.

Ich wollte nicht nur genießen, ich bestand darauf, daß man auch an mir Genuß empfand. Bewundert, begehrt und angebetet wollte ich werden, um den Geruch des echten Marek van der Jagt, der einfach nicht aus meiner Nase verschwinden wollte, zu vertreiben. Und wer begehrt werden will, weckt Erwartungen, macht Versprechungen, suggeriert Rettung, wo es keine Rettung gibt.

»Es wird gut«, sagte ich mir immer wieder, »alles wird gut.« So wie eine Krankenschwester mit einem todgeweihten Patienten spricht.

Bei Camus schwindelt es Clamence bei dem Gedanken, die Wahrheit unwiderruflich ausgelöscht zu haben, wenn er stirbt, bevor er all seine Lügen gebeichtet hat. Auch mir schwindelte, und was mich noch mehr schwindeln machte als Clamence, war der Gedanke, daß es sich in meinem Fall nicht um eine, zwanzig oder hundert Lügen handelte. Ich hatte mich selbst zur Hülle, zum Werkzeug gemacht. In den Augen meiner Opfer sah ich Bewunderung für jemanden, den es nicht gab, ich war die totale Lüge, von A bis Z erlogen.

Wer den Charme zur Waffe und aus der Begierde ein bloßes Werkzeug macht, um sein Ziel zu erreichen, wird zum Sklaven dieser Begierde. Kein Sieg kann ihm genügen.

Die Erregung in den Augen der anderen, das Zucken um den Mund, ihre Angst vor dem nahenden Ende ist sein Ziel, und all das verrät die geglückte Operation: Die andere, meine Liebste, glaubt, daß nach Don Juan kein Leben mehr möglich ist.

Sie glaubt, ich werde ihr Leben in die Hand nehmen.

Don Juan gibt ihr obendrein noch das Gefühl, sie selber habe es in der Hand, dieses Leben, oder vielmehr: Er schenkt ihr die Vorteile der Sklaverei ohne die Nachteile der öffentlichen Demütigung.

Alles, was du zu tun hast, ist die Beine zu spreizen, vor dem Kamin zu knien, den Mund zu öffnen, mit einem Wort: zu genießen. Und alles, was du dann noch willst, ist Zukunft, doch Begierde erträgt keine Zukunft. Während du die Beine spreizt, bist du schon Vergangenheit. Bin ich schon Vergangenheit.

Don Juan bietet dir eine herrliche Aussicht auf den Tod. Du brauchst nicht einmal zu sterben, um ihn zu genießen, nur die Beine zu spreizen. Du brauchst ihm nur dein Leben zu geben, und im Tausch dafür hebt er dein Leben auf, macht er es zu seinem. Zwei Körper, ein Leben.

Was für ein schmerzhafter Irrtum ist es, der Bestie Liebe den Tauschhandel zu versagen, der nun gerade das wichtigste Merkmal der Bestie ist. Die Treue bis zum Tod, die Treue, die ein so wichtiger Bestandteil der Verbindung Ehe ist, die Treue, dafür muß man doch etwas zurückbekommen – aber was?

Wenn wir ehrlich sind, dann gibst du ihm dein Leben, weil du es insgeheim loswerden möchtest. Die Verantwortung für dieses Leben quält dich wie eine eiternde Wunde.

Was er dir dafür zurückgibt, ist das unausgesprochene Versprechen, dich zu zerstören, und dieser Deal bedeutet dein Ende.

Du erhebst dich in die Lüfte, du scheinst zu fliegen, doch nur, um zu fallen. Noch nie war es so verlockend, zerstört zu werden.

Und dann, wenn du ihm das alles gegeben hast, läßt er dich allein weiterleben.

Den Tod, den Don Juan dir angedreht hat, wird er an sich selbst nicht mehr los. Er steckt im Perpetuum mobile der Folter. Jede Gefolterte läßt ihn nach der nächsten verlangen, um die vorhergehende Folter zu vergessen, mit jeder Folter foltert er sich selbst.

Nicht weil er ein Sadist ist, obwohl vielleicht auch das zutrifft, sondern weil er nur enttäuschen kann. Er verspricht Rettung und Exklusivität, während er dir etwas gibt und mit dir teilt, was er mit allen teilt. Was er mit dir teilt, kann er nur mit dir teilen, weil er es mit allen teilt. Und was er mit dir nicht teilt, teilt er mit niemandem.

»Werde ich dir fehlen?«

»Oh, bestimmt«, sagte ich, während ich mir eilig die Schuhe zuband, um rechtzeitig zum Abendessen bei Soziologin S. zu sein.

Was Don Juan eigentlich fehlt, ist das Vermögen, eine einzige Person wirklich zu vermissen, die Fähigkeit, sich weiszumachen, daß, was sie ihm gibt, ihm niemand anders geben kann. Oder auch: die Fähigkeit, sich weiszumachen, daß man eine Vergangenheit teilen kann statt bloß Lügen, die wir Vergangenheit nennen.

Und aufhören geht nicht, denn auch er sucht das Unmögliche: den Gefolterten, der stark genug ist, die Rollen umzukehren und so dem Henker zu vergeben.

Der gefallene Anwalt von Camus behauptet, Frauen seien weniger eine Zuflucht für Krieger als vielmehr für Verbrecher. Weil, so sagt er, Frauen nicht wirklich verurteilen, sie versuchen höchstens, den Mann zu demütigen und ihm die Waffen aus den Händen zu schlagen.

Auch hierin erkannte ich mich wieder. Man muß schon sehr machtlos sein, um den Genuß der Demütigung nicht kennengelernt zu haben.

Die Welt der Wiener Frauen war für mich eine Zuflucht, weil ich glaubte, dort unter ihnen, unter ihnen *allen*, meinem Schicksal zu entgehen. Weil ich das Leben spüren wollte, hatte ich alle Tabus zum Teufel gejagt. Und weil ich nicht mehr bloß in meinem Kopf leben wollte – ein angenehmer Ort, das schon, aber doch ein bißchen eng, nicht viel größer als eine Todeszelle. Zum Dichten nicht schlecht, aber zum Leben – nein! Ich hatte den Kerker des Kopfes mit einem anderen vertauscht, einem noch kleineren: noch weniger Tageslicht, noch intimer. Zwischen den Beinen einer Frau liegend, wollte ich verhaftet werden.

Je mehr ich herrschte, desto klarer wurde mir, daß Herrschen eine Phantasie bleiben muß, ein Tagtraum früh am Morgen, wenn wir die Zeit haben, uns noch mal umzudrehen.

Machtlosigkeit ist da viel besser. Wenn ich herrschte, war das über Menschen, die gerade noch etwas mehr Machtlosigkeit brauchten als ich, um sich der Illusion des Freispruchs hingeben zu können. Die Illusion der Unschuld – welchen Preis bezahlen wir dafür, welch teure Hure ist sie.

Wer einmal gesiegt hat, will nichts lieber, als selbst besiegt werden, es ist seine größte Angst, und vielleicht gerade darum sein höchstes Verlangen.

Nach *Der Fall* wurde der Roman *Adolphe* von

Benjamin Constant meine neue Bibel. Ein Bericht von einer Schlacht, getarnt als Beziehung. Nachdem die Belagerung Adolphes endlich eine Bresche in die Verteidigungslinien Ellénores geschlagen hat und sie seinen Avancen nachgibt, artet die Beziehung in eine Krankheit aus, so zermürbend, so zerstörerisch, daß ein tödliches Ende unabwendbar ist.

Immer wieder las ich die Worte Ellénores an Adolphe: »Sie wird sterben, diese lästige Ellénore, die Sie nicht in Ihrer Nähe ertragen, die Sie als Hindernis betrachten, für die Sie auf Erden keinen Platz finden, der Sie nicht erschöpfte; sie wird sterben: Sie werden sich allein in der Menge bewegen, unter die zu mischen es Sie drängt!«

Ellénores Gebet wurde das meine. All meine Eroberungen erschöpften mich, sie wurden mir lästig: ihr Unglück, ihre Bitten, denen ich nicht entsprechen konnte.

Jeder Sieg Don Juans erweist sich als Niederlage. Das einzige, was er tun kann, ist Zeit gewinnen, Hoffnung am Leben erhalten, wo keine Hoffnung ist.

»Nächste Woche, in zwei Wochen, in drei Wochen, dann, Liebling, dann...«

Es gibt keine Zukunft, schon gar keine gemeinsame, es gibt nichts zu gewinnen außer Zeit, um diese tödliche Erkenntnis aufzuschieben.

All meine Eroberungen hatten ausnahmslos beim ersten Treffen den Eindruck erweckt, als gehörten sie zu den Starken, den Unantastbaren, die straflos alle Tabus brechen.

Doch jedesmal zerfiel der Mensch vor meinen Augen. Ein bißchen Genuß, ein wenig Intimität, eine Handvoll Illusionen, die sich aus der Haushaltskasse der Soziologin bezahlen ließen, und schon sitzt, wo einst die Geliebte saß, ein Pflegefall. Das Bett wird zum Operationstisch, der Sessel zur Couch, das Hotel zur Notaufnahme.

Nach Monaten, Jahren fiel mir endlich die Gemeinsamkeit aller Teilnehmerinnen meines Totentanzes auf. Ob sie nun aus Italien, Österreich, Spanien oder den Niederlanden stammten, ob sie sehr jung waren oder schon etwas älter, ob sie viele Freunde hatten oder keinen einzigen, geschieden waren oder noch Jungfrau, alle waren sie genauso einsam wie ich oder noch einsamer. Und mit diesem oft mißbrauchten Wort meine ich nichts Persönlich-Banales im Sinne von »Was bin ich doch allein auf der Welt«. Ich meine eine innere Verfassung, einen unabänderlichen Zustand, weil man von seiner Vergangenheit abgeschnitten ist, und damit von der Zukunft. Weil man die Vergangenheit nicht kennen kann, nicht kennen will, nicht kennen darf.

Für Einsamkeit gibt es unzählig viele Ursachen, und danach suche ich auch nicht, in einem Totentanz gibt es keinen Platz für Ursachen, nur für Genuß und Erste Hilfe.

Der Einsame fällt aus der Geschichte der Menschheit heraus, weil der Einsame der Geschichte lästig wird.

»Zwischen den Völkern der Erde ist für dich kein Platz«, ruft die Geschichte.

Der Einsame fühlt sich überflüssig, so überflüssig, daß er zu glauben beginnt, er leide an einer geheimnisvollen Krankheit, an der niemand sonst leidet, nur er.

Daß mein Charme das entscheidende Element der Eroberung gewesen wäre, stellte sich als eitler Trug heraus. Was A., B., C., D., E., F., G. und H. und all die anderen, ach die anderen, letztendlich sturmreif schoß, war die Spiegelung ihrer eigenen Einsamkeit. Was sie anzog, war meine Kraft, im Leben scheinbar niemand anderen zu brauchen. Wer das Austauschbare liebt, braucht niemand im besonderen.

Nur noch ein Faden hielt sie an der Welt, und sie hofften, ich würde diesen Faden zerschneiden. So frei und losgelöst wie ich wollten sie sein.

Abgeschnitten von der Vergangenheit, der Familie, dem Rest der Welt findet man endlich jemanden, mit dem man sich verbunden fühlt: den Rattenfänger von Wien.

Jemand, der sich selbst erfindet, sich selbst erfinden muß, hat keine Vergangenheit. Er findet sich hinter jedem Stein, er kommt von nirgendwo und geht nach nirgendwo, was ihn an die Welt bindet, ist ein kleines, praktisches Detail: Er braucht die Welt, damit sie seine Erfindung bewundert, für diese Welt hat er sie schließlich gemacht.

Das ist es, was den Eroberer an den Eroberten bindet. Sie erfinden sich – füreinander.

Stendhals Prophetie erwies sich als wahr: »Gequält vom Gifte, das an ihm (Don Juan) zehrt, bewegt er sich unruhig hierhin und dorthin und wechselt beständig den Gegenstand. So glänzend auch der äußere Anschein ist, alles kommt darauf hinaus, daß er nur die Leiden wechselt; er schafft sich stillen Überdruß oder bewegten Überdruß: Das ist die einzige Wahl, die ihm bleibt.«

Und das Leiden wird immer mehr, füge ich hinzu. Leiden wird gegen immer größeres Leiden eingetauscht.

Wenn Don Juan sich diese Wahrheit eingesteht, sagt Stendhal, kann er nur noch genießen, indem er seine Macht ausübt und unverblümt das Böse um des Bösen willen tut.

Das hatte ich getan, ich hatte meine Macht ausgekostet und fand dies, so nett es auch gewesen war, keine Erfahrung, die man wiederholen mußte.

Anderer Leute Schmerz zu genießen gelang mir nicht. Offensichtlich war ich dazu doch nicht stark genug. Und meine Macht genießen? Ich sah zu scharf, wie armselig die war.

Darum griff ich zu einem letzten, verzweifelten Mittel: Ich beschloß, von nun an meine Lust aus Schmerz zu ziehen.

Ich verließ Wien, wie man ein brennendes Haus verläßt. Der erste internationale Zug ging nach Paris. Ich reiste nach Paris.

Die leeren Tage dort waren schwerer für mich, als ich hier beschreiben kann. Niemand mehr, der gerettet werden mußte, keine Drohungen, keine Erpressung, keine Briefe, kein klingelndes Telefon. Ich brauchte nicht mehr zu fliehen. Die Notwendigkeit, mich zu verstecken, fehlte – die Flucht, die Illegalität des Betrugs, die zuletzt eine tagesfüllende Aufgabe geworden war, hatte meinem Leben zwar keinen Glanz verliehen, aber immerhin Bedeutung.

Doch für Schmerz, der sich in Lust verwandeln soll, war dies noch zuwenig. Ich brauchte noch mehr Schmerz, um zu spüren, daß ich lebte, um dem Teufelskreis des Leidens, das gegen immer größeres Leiden eingetauscht wird, zu entkommen.

Ich mußte zu dem zurückkehren, der ich einmal gewesen war. »Tu alles mit mir, nur das nicht, wirf mich nicht weg«, wollte ich wieder rufen. Nur würde ich es jetzt nicht mehr ernst meinen, diesen Fehler würde ich nicht mehr machen.

Doch ich konnte es auch gar nicht mehr ernst meinen. Um es ernst zu meinen, muß man nämlich Schmerz empfinden. Keinen körperlichen, der hilft nicht, der lenkt ab. Jenen anderen Schmerz muß man spüren, den der völligen Isolation, und die tiefe, alles beherrschende Angst vor dem, was der andere einem antun kann.

Ich hatte gelernt, meiner Kraft zu vertrauen, in der Welt der Liebe gehörte ich nicht mehr zu den Schwachen, auf meine eigene bescheidene Weise war ich eine Supermacht geworden: Wer ausholte, um mich zu schlagen, traf nur eine Puppe, geknetet aus Brotresten. Hatte man so in Gefängnissen früher nicht die Wärter getäuscht: eine Puppe aus Brotresten, die zwölf Stunden lang die Illusion eines echten, lebendigen Menschen aufrechterhalten mußte? Ein Vorsprung von zwölf Stunden, genug, um den Rest des Lebens in Freiheit zu verbringen, zwar auf der Flucht, aber in Freiheit. Einen Vorsprung von zwölf Stunden hatte ich, und ich war fest entschlossen, ihn gut zu nutzen.

Der Totentanz hatte mich gelehrt, daß, wer andere wegwirft, sich selbst wegwirft. So mußte ich das zweite Gesetz des Herrschers formulieren: Der

Abfall verfolgt einen, er läßt einem keine Sekunde Ruhe. Weggeworfen zu werden ist kein Vergnügen, aber wenigstens muß man sich dabei nicht auch noch um Abfall kümmern.

In Paris lernte ich eine Cellistin kennen, V. Sie kam aus Wien, sie hatte im selben Viertel gewohnt, wo auch ich aufgewachsen war. Wir kannten die gleichen Leute, hatten dieselben Schulen besucht, in denselben Restaurants gegessen – kurzum: Gesprächsstoff genug.

Kurz zuvor hatte ich – endlich, so darf ich wohl sagen – meinen ersten Roman publiziert. Doch die Anerkennung, auf die ich gehofft hatte, hatte er nicht gebracht, und ich meine hier nicht die literarische Anerkennung. Literarische Anerkennung ist wie Betrug, der versehentlich stattfindet, Betrug, der noch keine Religion geworden ist. Mein Streben ging auf Höheres als eine gute oder schlechte Zeitungskritik. Ich sehnte mich nach der Anerkennung der Welt dafür, daß ich die Kraft zum Schlechtsein gehabt hatte.

Meine Umgebung hatte meine Wahrheit nicht ernst nehmen wollen, sie klammerte sich mit größerer Hingabe an meine Lügen, als ich es je gekonnt hätte.

»Ich habe dich systematisch betrogen«, hatte

ich der Soziologin gesagt und ihr ausführlich das Wie und Wo und Was meines Betrugs erklärt.

»Aber nein«, sagte die Soziologin, »das ist doch alles nur in deiner Einbildung passiert, reg dich nicht so auf.«

»Ich hab Geld von dir gestohlen«, sagte ich. »Ich habe deine Haushaltskasse geplündert, um andere Frauen zu verführen.«

»Aber nein«, sagte sie, »du hast ab und zu Geld von mir geliehen, weil du neue Schuhe brauchtest«, und streichelte mir über den Kopf.

Die Wahrheit war für sie zu unerträglich, um sie auch nur in Erwägung zu ziehen.

Was mich zunächst bloß gestört hatte, war nach und nach eine eiternde Wunde geworden: Die Welt weigerte sich, mich ernst zu nehmen – ich ging zur Polizei, und man lachte mich aus. Es gab, so schien mir, kein größeres Unrecht als das: Man verwehrte mir, worauf jeder, selbst der größte Perversling, ein Recht hat – einen Prozeß.

Der einzige Ort, an dem man mir vielleicht glauben würde, der einzige Ort auf der Welt, wo ich nicht lästig und überflüssig blieb, mußte die Literatur sein.

Literatur war – genau wie mein Entschluß, die Lust aus Schmerz zu ziehen – eine letzte Zuflucht. Doch tat ich so, als sei dies nicht mein letzter Zug

– mit der Bravour, die man nur aufbringt, wenn man weiß, daß man keine andere Wahl mehr hat.

Meine Cellistin reiste in jenen Tagen viel in der Welt herum, war zielstrebig, hatte eine Karriere und dennoch genug Zärtlichkeit in den Augen, um einen Abend damit zu füllen.

Ich kehrte nach Wien zurück, fand eine Stelle und leistete eine Anzahlung auf ein kleines, doch günstig gelegenes Appartement, wo ich mich sooft wie möglich verborgen hielt, um der Soziologin und den Teilnehmerinnen meines Totentanzes von ehedem nicht zu begegnen.

Das einzige, was ich zu tun brauchte, war, meine alten Fehler nicht zu wiederholen.

Das Schicksal schien mir gnädig, V. lebte für ihr Cello. Das beruhigte mich.

Dann war da noch ein Querflötist, ein echtes Verhältnis wollte sie es nicht nennen, aber, wie sie sagte: »Wir machen ab und zu was zusammen.« Ansonsten gab es noch einen Italiener, einen Opernliebhaber, den sie in der Mailänder Scala kennengelernt hatte.

Schmerzte es, daß ich nicht der einzige war, nicht der wahre, daß ein Querflötist und ein italienischer Opernliebhaber auch eine Rolle spielten? Die ersten Wochen nicht. Am Anfang jeder Verliebtheit – oder der Illusion, die sich dafür ausgibt – ist alles selbstverständlich und darum erträglich. Noch wird nichts ausgesprochen, alles bleibt im Unbestimmten.

Im Unbestimmten habe ich meine besten Momente erlebt.

Die Cellistin sagte: »Wenn du eine Frau bist, gut ausgebildet, und willst mehr von der Welt, als die dir geben will, dann hast du keine Wahl, dann mußt du es machen wie die Seeleute.«

Und sie hielt es wie ein Seemann, an jedem Platz ein andrer Schatz ... nun ja, an jedem, in Paris hatte sie den Querflötisten, in Mailand den Opernliebhaber, und in Wien hatte sie mich, Ex-Don-Juan und ehemaligen Führer eines kleinen, doch gutorganisierten Totentanzes.

Alle sechs Wochen verbrachte sie eine Woche in Wien. Genau wie früher lebte ich vom Verlangen, bis auf die eine Woche, wenn sie in Wien war, und genau wie früher ging das lange gut.

»Wissen die anderen davon?« fragte ich manchmal.

»Man braucht doch nicht alles zu erzählen«, sagte sie. »Muß man denn jedesmal ausführlich Bericht erstatten, wenn man mit Durchfall auf der Toilette war?«

Aha, dachte ich, ich bin also Durchfall. Ein Gedanke, der mich gleichzeitig schmerzte und freute. In ihren Augen sah ich amüsierte Verachtung. Sie durchschaute mich, sagte sie. Ich brauchte mit ihr keine Spielchen zu spielen.

Ihre Liebe war freiwillig, ich hatte sie nicht abhängig von mir machen können, und gerade darum konnte ich sie weiter begehren. Weil ich immer wieder die Verachtung in ihren Augen sah, konnte ich sie weiter respektieren, weil ich wußte, daß sie wieder gehen würde, blieb ich gespannt auf jedes Wort und jedes Detail. Ich konnte mich binden, weil sie sich nicht band.

So kam endlich der Schmerz zu mir, nach dem ich mich so sehr gesehnt hatte. Und alle sechs Wochen kam die Cellistin. Sowohl der Schmerz als auch die Cellistin gaben mir genug Brennstoff, mein Verlangen am Leben zu halten.

Der Scheiterhaufen des Verlangens wuchs in meiner kleinen Wohnung.

Wer von Verlangen lebt, hat viel Zeit zu lesen und zu schreiben. Das tat ich denn auch.

Ich begann, mich immer mehr an V. zu binden.

Da der Fahrplan ihrer Verachtung zuverlässig funktionierte, war ein Doppelleben zum ersten

Mal überflüssig. Ich konnte ihr den echten Marek van der Jagt zeigen, den verhaßten, die Leiche im Keller. An ihrer Verachtung sollte das nichts ändern. Sie durchschaute mich ohnedies.

Fast schien es, als fände mein Dasein doch noch ein befriedigendes Ende.

Dennoch war da ein »aber«, obwohl ich lange Zeit blind dafür war. An der Idylle klebte ein Fehler, der lange unbemerkt blieb: Ich konnte das Spielen nicht lassen, nur sah ich nicht, daß ich spielte. Doch Spieler wissen: Wer nicht aufhören kann zu spielen, bleibt im Grunde süchtig nach dem Siegen.

Der Bericht von dem Mann, der sich für einen Herrscher hielt, ist der Bericht eines Sieges, der sich als Niederlage erweist, ein Sieg, so groß, daß er sich in nichts von einer totalen Niederlage unterscheidet.

Mein Schmerz nahm immer mehr zu, mehr als ich gewollt hatte, mehr als ein Mensch allein ertragen konnte. Ich mußte ihn teilen.

Ich begann, die Cellistin Verhören über die genaue Art ihres Verhältnisses mit dem Querflötisten und dem Italiener zu unterziehen. Ich wollte alles wissen, vor allem über die körperlichen Aspekte der Beziehungen. Wie groß war ihr Penis, was für Geräusche machten sie, kamen sie schnell zum Orgasmus oder langsam, was war ihre Lieblingsstellung, mit wem machte es ihr mehr Spaß, wo trieben sie es? Jedes Detail war von lebenswichtiger Bedeutung. Steckten sie ihr den Finger in den Anus?

Es kostete mich einige Mühe, ihr diese Bekenntnisse zu entlocken, doch psychologischer Terror war mein Spezialgebiet, und schon bald erzählte sie mir alles.

Meine Gedanken begannen, um die anderen Männer zu kreisen, die eine solch wichtige und gleichzeitig so bedeutungslose Rolle – denn ihr Cello ging ihr über alles – in V.s Leben spielten.

Nicht daß ich Kontakt mit ihnen aufnahm, o nein, das hätte gegen alle Vereinbarungen und Regeln verstoßen. Ich sprach über sie, ich schlug V. Geschenke für sie vor, ich lernte ihren Geschmack kennen.

Manchmal sagte ich: »Bring dem Italiener mal was Schönes mit. Ich hab in der Singerstraße eine Krawatte gesehen, die ihm bestimmt gut steht.« Dann gingen wir zusammen dorthin, um die Krawatte zu kaufen.

Daß sie noch andere Beziehungen hatte, quälte mich nicht, doch daß diese Beziehungen sich außerhalb meiner Einflußsphäre abspielten, machte mich krank vor Angst.

Und diese Angst war es, die mir meine alte Gier zurückgab: Ich mußte siegen, ich mußte herrschen.

Ich kaufte wieder Kassenbücher.

Doch diesmal nicht, um mein eigenes Leben zu protokollieren, sondern das meiner Gegenspieler, und dann vor allem jenen Teil ihres Lebens, der mit meiner Cellistin zusammenhing. Obwohl ich die beiden Männer noch nie gesehen hatte, analysierte ich sie. Ich lebte mit ihnen.

Daß ich zusammen mit V. Geschenke für meine Nebenbuhler kaufte, V.s Erlebnisse mit ihnen besprach, selbst die intimsten Details, genügte mir bald nicht mehr. Und daß ich glaubte, ihren Samen in der Vagina meiner Cellistin zu schmecken, erregte mich zwar, war aber ebenfalls zuwenig. Ich schmeckte den Speichel der anderen in ihrem Mund, und das war ein derart intensiver Moment, daß er sich in nichts von Glück unterschied. Doch auch das war mir nicht genug. Ich wollte mehr. Ich wollte ihnen ins Gesicht sehen, in die Augen.

Ich wollte wissen, zu welchem Mund der Samen gehörte.

Ich fiel, ich erniedrigte mich. Ich verlor das letzte bißchen Selbstachtung und fand mich schließlich als Klischee des eifersüchtigen Geliebten wieder.

Ich wandte mich an einen Detektiv. Die Schande war so groß, daß sich keine Lust mehr aus ihr ziehen ließ.

Wie ein geschlagener Hund meldete ich mich in seinem Büro, das leider wenig an Detektivbüros in Filmen und alten Romanen erinnerte, eher an die Geschäftsadresse einer Versicherung.

Sachlich wurden die Details besprochen.

Ein Büro in Paris und eins in Mailand, mit dem die Österreicher häufig zusammenarbeiteten, würden die praktischen Nachforschungen übernehmen. Man versicherte mir hundertprozentige Zuverlässigkeit und Diskretion. Ich müsse mich nur einen knappen Monat gedulden.

Einen Monat lang zehrte ich von der Neugier.

Die Offenbarung spricht von der Hure Babylon, »mit der die Könige der Erde Unzucht getrieben haben, und die Bewohner der Erde sind vom Wein ihrer Unzucht trunken geworden«. Was hatte ich von diesem Wein, wenn ich die Trunkenheit und Glut auf den Gesichtern der Menschen, die von ihm berauscht waren, nicht selbst sehen konnte?

Am Morgen, an dem ich im Detektivbüro die Ergebnisse der Nachforschungen abholen sollte, duschte ich dreimal. Ich zog meinen besten Anzug an, als ginge ich zu einem Rendezvous.

Die Sekretärin ließ mich keinen Moment warten. Der Chef des Büros saß hinter seinem Schreibtisch, glänzend und grinsend.

Er schüttelte mir die Hand und sagte ohne Umschweife, ohne die geringste Einleitung: «Nichts gefunden.«

»Wie – nichts?« fragte ich.

»Bei unseren Nachforschungen«, sagte er. »Sie können beruhigt sein, Sie sind der einzige. Natürlich geht ihre Freundin in Paris ab und zu mit einem Flötisten Tee trinken, aber das ist ihr Agent. Und in Mailand ißt sie ab und zu einen Teller Pasta mit einem Opernfanatiker, aber das ist ihr Bruder. Mit keinem dieser beiden Herren unterhält sie auch nur das Geringste, was an eine sexuelle Beziehung erinnert. Sie hat absolut niemanden, nur Sie.«

Er drückte mir die Hand, überschwenglich, voll Freude. »Es kommt nicht oft vor, daß wir einen Fall auf so befriedigende Weise abschließen können«, sagte er.

Aus vier braunen Umschlägen schüttete er Fotos. Getippte Berichte, ihr Leben von einem unbekannten französischen Detektiv akribisch protokolliert.

Ich tat, als betrachtete ich die Fotos, doch ich sah nichts.

So fühlte es sich also an zu fallen. Betrogen zu werden. In der selbstgeschaffenen Fiktion kann man herrschen, doch in der Fiktion, die ein anderer für einen errichtet, ist man immer der Gefangene, ein Sklave, ein Bauer, der hin- und hergeschoben wird, ein Werkzeug.

»Freuen Sie sich denn nicht?« fragte der Detektiv.

»Doch, sehr«, sagte ich.

Während ich durch die Stadt nach Hause ging, hörte ich die Stimme des Detektivs. »Sie hat absolut niemanden, nur Sie.« Und wieviel Mühe ich mir auch gab, diese Stimme zu verjagen, wie sehr ich auch versuchte, mich abzulenken, sie wollte nicht verstummen.

Zu Hause warf ich mich auf den Fußboden und schrie so laut und so lange, daß es schmerzte.

Als ich endlich zu schreien aufhörte, kam die Stimme zurück, stolz, anmaßend und dennoch untertänig: »Sie hat absolut niemanden, nur Sie.«

Wieder schrie ich, doch die Stimme blieb.

So fand ich mich als Mann in der Position der

Lulu wieder, die ich früher einmal hatte sein wollen. Nur flehte ich jetzt nicht mehr, nicht weggeworfen zu werden. Dem scheinbar so begehrenswerten Zustand, von niemandem mehr weggeworfen werden zu können, fehlte etwas: Leben. Ich flehte, die Stimme in meinem Kopf solle verstummen.

Ein paar Stunden blieb ich so liegen, in meinem besten Anzug, auf dem Boden, schreiend.

Ich haßte die Welt, mich selbst und die Cellistin, eins dieser drei mußte ein Ende finden.

Eine Woche darauf holte ich V. vom Flughafen ab. Das tat ich immer, wenn sie mich besuchte. Ich entdeckte sie zwischen einer Gruppe von Geschäftsleuten und einer Familie mit Kindern, in ihrem grünen Kleid, den hellbraunen Koffer in der rechten Hand. Ich sah sie, wie ich sie nie mehr sehen sollte.

Ich küßte sie, fragte die üblichen Dinge.

»Wie war der Sex?«

»Gut«, sagte sie. »Sehr gut.«

Ich fragte nach den Details. Ich konnte nicht warten, sie erzählte mir alles, so detailliert, wie nur Fiktion sein kann.

Zu Hause warf ich mich auf sie. Der Vorsprung von zwölf Stunden war aufgebraucht, ich hatte nur noch ein paar Minuten.

Ich vögelte drauflos, wie man es von der Bestie Liebe erwarten kann. Sterbend, wund, wütend und doch noch immer voll blinder Begierde.

Plötzlich wurde ich ganz ruhig.

»Es geht nicht«, sagte ich. »Es ist aus.«

»Warum?« fragte sie.

»Die anderen beiden«, sagte ich, »ich will dich für mich allein.«

Meine Stimme triefte vor Ironie, soviel Mühe ich mir auch gab, ernst und bedrückt zu klingen. Es war die schlechteste Rolle, die ich je hingelegt hatte. Doch selbst wenn ich besser gespielt hätte, hätte sie mich sofort verstanden.

Ich war gespannt, für welchen der beiden Alpträume sie sich entscheiden würde, obwohl ich die Entscheidung erraten konnte. Wir durchschauten einander wie alle Menschen, die versuchen, sich selbst zu erfinden. Die sich eine Vergangenheit erschaffen haben, aus welchem Grund auch immer. Wer das tut, weiß, daß er an der Geschichte, die er für sich und den anderen erdacht hat, festhalten muß. Eine Beichte ist ausgeschlossen, sie wäre Selbstmord, man muß die Geschichte bis zum Schluß durchhalten, nur Schwächlinge laufen vor ihrer eigenen Geschichte davon.

Und was wir auch waren, wir waren keine Schwächlinge.

Darum ging sie. Weil sie wußte, daß dies der geringere der beiden Alpträume war.

Sie zog sich an. Wieder hörte ich die Stimme des Besitzers des Detektivbüros: »Sie hat absolut niemanden, nur Sie.«

Von allem Unerträglichen war dies das Unerträglichste: diese Liebe. Wie Spucke in meinem Gesicht war sie, sie wollte mich vernichten, mich beherrschen, einen Sklaven aus mir machen – und ich spürte, wie verführerisch es war, dem nachzugeben.

Ich merkte, wie der Abgrund immer näher kam, wie groß die Versuchung war, mich auf den Boden zu werfen und im Fallen zu rufen: »Tu alles mit mir, nur das nicht.« Und ich würde es ernst meinen.

Doch ich nahm mich zusammen. So leicht sollte sie mich nicht kriegen. Schließlich war ich, um mit Stendhal zu sprechen, der Mann, der bereit war, Feuer an eine Stadt zu legen, um sich ein Ei zu kochen.

Ich verwarf diese Liebe, wie ich mich selbst verwarf, und die Menschheit, dieses verachtenswerte und minderwertige Geschlecht, das sich selbst immer nur enttäuschen kann und nichts mit dieser Enttäuschung anzufangen weiß. Die Sklaverei der Ehe, die Kirche und den Staat verwarf ich.

Nur an meine eigene Sklaverei war ich noch bereit zu glauben, ja, ich glaubte daran, feuriger denn je.

Alles, was ich noch zum Tausch anbieten konnte, waren meine Hände, die ich um ihren Hals legen würde, meine Worte, mit denen ich sie weiter geißeln könnte, bis der Tod unserer Treue ein Ende bereitete. Alles, was ich noch zu bieten hatte, war Vernichtung, aber schick kostümiert, die Kleider der Background-Sängerinnen hundert Prozent Seide, der Geiger weltberühmt, das Bühnenbild: schlicht, aber eindrucksvoll.

Als ich sie hinausließ, hörte ich die Stimme des Detektivs, und als V. sagte: »Vielleicht können wir irgendwann noch mal reden?«, hörte ich ihn immer noch.

In einem letzten Versuch, die Stimme zum Schweigen zu bringen, sagte ich: »Es gibt nichts, was ich noch für dich tun kann oder du für mich.«

Die Wirklichkeit hat mich an allen Fronten geschlagen.

Es scheint mir besser, mich aus der Wirklichkeit zurückzuziehen.

Ab und zu zwänge ich mich in die Reitstiefel meiner Mutter – ich habe kleine Füße –, setze eine Mütze auf, stelle mich vor den Spiegel und halte eine Rede an fünfzigtausend Frauen auf dem Heldenplatz. Das alte Feuer ist nicht erloschen, die Gier zu herrschen nagt immer noch an mir. Ich habe mich zurückgezogen, um einen neuen Schlag vorzubereiten, wenn nicht morgen, dann übermorgen, wenn nicht unter meinem Namen, dann unter einem anderen.

Hier in diesem Raum können sich der echte und der falsche Marek miteinander sehen lassen, denn hier ist weiter niemand. Hier kann ich das dritte Gesetz des Herrschers formulieren: Wirf dich selbst weg, bevor andere es tun. Verschleudre dich, bevor die anderen dich verschleudern.

Meine Liebe ist kein Scherz, meine Liebe ist kein Spiel. Ich spüre, daß ich immer noch die Fähigkeit besitze, andere zu begeistern, sie glauben zu lassen – und sei es nur für einen Augenblick –, daß ihr eigenes Ende etwas Begehrenswertes sein kann. Meine Liebe wird niemand mehr achtlos beiseite schieben und sich vom Revers bürsten. Meine Liebe wird nicht mit einer Dusche und dem Schwamm enden, sondern mit dem Tod.

Und doch ist dies nur die halbe Wahrheit. Die andere Hälfte ist, daß ich oft hier in meinem Sessel sitze und lese, in Socken, und die Stiefel meiner Mutter im Schrank lasse.

So lese ich *The Rights of Desire* des südafrikanischen Schriftstellers André Brink, mit dieser für mich rätselhaften Passage: »*How can I thank her for a desert space, for loneliness, for anguish, even for despair? How can she understand – how can I myself understand – that a desert holds the promise of flowers, that the dark of a moonless night is a condition of the light, that only in solitude can we discover the need of others …*«

Wie kann man, so frage ich mich schon seit Wochen, jemandem für Einsamkeit danken? Was hat es zu bedeuten, wenn man sich für Verzweiflung bedankt? Diese Frage erhält mich schon seit Wochen am Leben, auch wenn sich das vielleicht seltsam anhört. Es ist die Wahrheit.

Ich lebe von der Abwesenheit der Cellistin, dank der leblosen Gegenstände, die sie dagelassen hat –

eine Puppe, eine Ansichtskarte, eine Pflanze, eine Kerze. Ich lebe dank dem Loch im Raum, das sie geworden ist. Dank der Stimme des Detektivs, die sagt: »Sie hat absolut niemanden, nur Sie.« Dank der Bestie Liebe, der Bestie, die ich fortstieß, weil diese Bestie mir nach dem Leben trachtete.

Wie sehr ich mich manchmal auch nach ihr sehne, ich weiß, daß sie nicht zurückkehren kann, nicht zurückkehren *darf*, denn alles, was sie hier finden könnte, ist meine Abwesenheit, das schwarze Loch, das ich bin, die Tatsache, daß auch ich nicht existiere, oder zumindest genausowenig wie ihr Pariser Querflötist und der Opernliebhaber aus Mailand. Genug, die Phantasie brodeln zu lassen, genug, das lodernde Feuer der Phantasie weiter anzufachen, genug, einen Arm so weit umzudrehen, daß man den Knochen krachen hört... – aber nichts, zu dem man zurückkehren könnte. Die Erde, auf der eine solche Phantasie gewütet hat, ist verbrannt und kann auf Jahre nichts mehr hervorbringen.

Auch auf dem Höhepunkt meiner Verliebtheiten warf ich verlangende Blicke auf die Freundinnen, Cousinen, Mütter und Tanten meiner Geliebten, und ich glaube nicht, daß diese Blicke, dieses Begehren meine Verliebtheiten kleiner, unwirklicher oder unechter machten. Es war nie genug – es *konnte* nie genug sein.

Hier genügt mir meine Einsamkeit, ich unterhalte eine monogame Beziehung mit ihr, die einzige vielleicht, die möglich und wünschenswert ist.

Ich sage nicht, daß dies für alle Zeiten genug ist, es ist genug für jetzt.

Was ist wahr, ewig und wirklich?

Momentan genügen mir die Reden, die ich vor dem Spiegel halte, die Fackelumzüge durch mein kleines Wohnzimmer.

Vorläufig braucht noch niemand zu sterben. Ich herrsche über meine Einsamkeit und mein Mobiliar. Ich sammle Beweise für den Prozeß, den ich gegen mich führen werde, den ich jetzt schon führe und der nicht enden darf, weil der Prozeß mein Leben ist.

V., du wirst meine Kronzeugin sein.

Indem du mich verlassen hast, indem du nicht zu spielen aufhörtest, indem du weiter an deine Fiktion glaubtest, hast du meine Phantasie am Leben gehalten, du hast mir eine Illusion gelassen. Deine Liebe war ein Geschenk, das ich nicht annehmen konnte.

Darum will ich, darum muß ich dir für diese Einsamkeit danken, die anders ist als alle anderen.

Wien, Juli – November 2001

Quellennachweise

Das Motto dieses Buches stammt aus der Taschenbuchausgabe (Suhrkamp, 1994) der *Geschichten aus dem Wiener Wald* von Ödön von Horvath. Die Passagen aus *Über die Liebe* von Stendhal folgen der Diogenes-Taschenbuchausgabe von 1981 in der Übersetzung von Franz Hessel. Die Passagen aus *Der Fall* von Albert Camus entnahmen wir der Rowohlt-Taschenbuchausgabe von 1968 (34. Auflage 2001) in der Übersetzung von Guido G. Meister. Die zitierten Stellen aus *Lulu* von Frank Wedekind stammen aus der Urfassung von 1894 (Suhrkamp, 1999). Die Passage aus *Adolphe* von Benjamin Constant wurde der Manesse-Ausgabe von 1998 in der Übersetzung von Eveline Passet entnommen. Das Zitat der Offenbarung folgt der Züricher Bibel von 1931 in der Ausgabe der Privilegierten Württembergischen Bibelanstalt Stuttgart, das Fragment aus *The Rights of Desire* von André Brink der Harcourt-Ausgabe aus dem Jahre 2000.

Marek van der Jagt

Amour fou

Roman. Aus dem Niederländischen von Rainer Kersten

Auf der Suche nach der *Amour fou* begegnet der junge Philosophiestudent Marek van der Jagt in seiner Heimatstadt Wien Andrea und Milena. Er hofft, daß die Touristinnen aus Luxemburg ihn in die Geheimnisse der Liebe einweihen. Mareks Bruder Pavel erlebt eine wunderbare Nacht, doch Marek selbst macht eine frustrierende Entdeckung …

»Mit Eleganz und Gespür für Pointen tänzelt der Autor durch eine Abfolge von skurrilen Ereignissen, die zuweilen an die turbulenteren Szenerien von John Irving erinnern. Legt man den schnell durchquerten Band beiseite, dann scheint die Realität einer Bahnhofshalle zu gleichen, in der man ungeduldig auf das nächste Buch von Marek van der Jagt wartet.«
Adriano Sack / Welt am Sonntag, Hamburg

»Die Stärke dieses unspektakulär-tragikomischen Buches ist die stilistische Konsequenz, mit der das Genre des Bekenntnisses weniger ins existentiell Absurde als vielmehr ins Satirisch-Groteske getrieben wird.«
Dorothea Dieckmann / Neue Zürcher Zeitung

»Ein herzzerreißend komischer Roman. Van der Jagt wird nicht umsonst mit David Sedaris verglichen.«
Wiener

»Das ist ein buchstäblich verrückter Roman, virtuos geschrieben. Ein vergnügliches, ein leichtes Lesemuß.«
Alexander Kudascheff / Deutsche Welle, Köln

Arnon Grünberg im Diogenes Verlag

Blauer Montag

Roman. Aus dem Niederländischen
von Rainer Kersten

Die provozierende Lebensgeschichte eines jungen Mannes aus jüdischem Elternhaus, der nicht weiß, wem er sich mehr zugehörig fühlen soll: der zweiten Generation der Holocaust-Opfer oder der ›Generation Nix‹. Dessen Schulkarriere ein frühes Ende nimmt, weil er lieber mit Freundin Rosie durch Kneipen und Cafés zieht. Der das Amsterdamer Rotlichtmilieu zu erkunden beginnt, als Rosie ihn verläßt – wie weh diese Trennung tut, wird nirgends ausgesprochen. Und der es bald nur noch in der gekauften Nähe von Prostituierten aushält, sich dem Alkohol hingibt und dem Verfall. Der schließlich im Anzug des verstorbenen Vaters selbst eine Laufbahn als Gigolo antritt.

»Die Stärke dieses wilden Textes liegt in seiner Unmittelbarkeit und im Fehlen jeglicher Larmoyanz. Die Sprache ist bei aller Flapsigkeit von gnadenloser Klarheit und Präzision. Das Weinen, das dem Erzähler im Hals steckt, bleibt stumm oder äußert sich in absurder Komik.« *Hannes Hansen / Die Welt, Berlin*

Phantomschmerz

Roman. Deutsch von Rainer Kersten

Robert Mehlman, Mitte Dreißig, lebt in New York, ist Schriftsteller und Lebemann. Er hat drei Musen, zwischen denen er sich durchlaviert und die er schreibend porträtiert: Da ist jene sinnliche Puertoricanerin, die ihm im Café den leckersten Cappuccino serviert. Und seine Ehefrau, die mittlerweile keine Märchenprinzessin mehr ist: *Du bist wie ein Stein, den ich jeden Tag wieder den Berg hochrollen muß*, hat er erst neulich zu ihr gesagt. Und schließlich ist da noch Rebecca: eine *Femme fatale in Ausbildung, doch hatte der Ausbilder ein paar Lektionen übersprungen, wodurch ich nun mit einer verhinderten Femme fatale am Tisch saß, die zur Hälfte noch ein kleiner Troll war.* Ein Mann zwischen drei Frauen, allein mit seinen Illusionen, seinen Träumen – aber mit dem nötigen Wahnwitz, das Leben als Rausch zu begreifen.

»Ein holländisches Wunderkind: Diese Komik, diese jüdische, an Woody Allen und den Marx Brothers geschulte Komik... es ist alles verzweifelt, aber wir lachen uns kaputt.«
Dirk Schümer/Der Büchertalk, SWR Fernsehen

Der Vogel ist krank

Roman. Deutsch von Rainer Kersten

In aller Herrgottsfrühe wacht Christian Beck auf, als seine langjährige Freundin mit unverwandtem Blick im Bett sitzt und von sich selber sagt: Der Vogel ist krank. Er, der sich von allen Abenteuern verabschiedet hatte, nur noch Gebrauchsanweisungen übersetzt und keine Bücher mehr schreibt, gerät in einen Strudel von Ereignissen. Ein Asylbewerber heiratet in seinen Haushalt ein. *Der Vogel ist krank* ist nicht nur eine spannende Dreiecksgeschichte, sondern auch eine anrührende Liebesgeschichte und – last but not least – eine gnadenlose Abrechnung mit gesellschaftlichen Konventionen.

»Dieser Roman hat wie kaum ein anderes Buch Chancen, in fünfzig Jahren immer noch gelesen zu werden als das schönste Beispiel für Nihilismus mit heiß klopfendem Herzen.«
Pieter Steinz/NRC Handelsblad, Rotterdam

Philippe Djian im Diogenes Verlag

»Keiner macht ihm diesen Ton nach, voller Humor, Selbstironie und Kraft.« *Frédéric Beigbeder*

»Djian schreibt glasklar und in einem Tempo, dem ältere Herren wie Grass und Walser schon längst durch Herzinfarkt erlegen wären.« *Plärrer, Nürnberg*

Betty Blue
37,2° am Morgen. Roman. Aus dem Französischen von Michael Mosblech

Erogene Zone
Roman. Deutsch von Michael Mosblech

Verraten und verkauft
Roman. Deutsch von Michael Mosblech

Blau wie die Hölle
Roman. Deutsch von Michael Mosblech

Rückgrat
Roman. Deutsch von Michael Mosblech

Krokodile
Sechs Geschichten. Deutsch von Michael Mosblech

Pas de deux
Roman. Deutsch von Michael Mosblech

Matador
Roman. Deutsch von Ulrich Hartmann

Mörder
Roman. Deutsch von Ulrich Hartmann (vormals: *Ich arbeitete für einen Mörder*)

Kriminelle
Roman. Deutsch von Ulrich Hartmann

Heißer Herbst
Roman. Deutsch von Ulrich Hartmann

Schwarze Tage, weiße Nächte
Roman. Deutsch von Uli Wittmann

Sirenen
Roman. Deutsch von Uli Wittmann

In der Kreide
Die Bücher meines Lebens. Über Salinger, Céline, Cendrars, Kerouac, Melville, Henry Miller, Faulkner, Hemingway, Brautigan, Carver. Deutsch von Uli Wittmann

Reibereien
Roman. Deutsch von Uli Wittmann

Diogenes Taschenbuch 23446

de
te
be